日本语教育教材开发委员会　编著
新东方日语教研组　编译

日语完全教程
学ぼう！にほんご
第二册

北京大学出版社

著作权合同登记号　图字：01-2012-8753

图书在版编目(CIP)数据

日语完全教程.第二册/日本语教育教材开发委员会编著.—北京：北京大学出版社,2013.3
（应用日本语系列）

ISBN 978-7-301-22031-3

Ⅰ.①日… Ⅱ.①日… Ⅲ.①日语－水平考试－教材 Ⅳ.①H360.42

中国版本图书馆CIP数据核字(2013)第016376号

Copyright © 西暦年号 by SenmonKyouiku Publishing Co.,Ltd.

中国内の出版・販売権は北京大学出版社が有しており、それについて株式会社専門教育出版は同意した。

经由专门教育出版株式会社同意,本书在中国的出版、销售权归北京大学出版社所有。

书　　　名	：日语完全教程·第二册
著作责任者	：日本语教育教材开发委员会　编著
责 任 编 辑	：兰　婷
标 准 书 号	：ISBN 978-7-301-22031-3
出 版 发 行	：北京大学出版社
地　　　址	：北京市海淀区成府路205号　100871
网　　　址	：http://www.pup.cn　新浪官方微博:@北京大学出版社
编辑部邮箱	：pupwaiwen@pup.cn
总编室邮箱	：zpup@pup.cn
电　　　话	：邮购部 62752015　发行部 62750672　编辑部 62759634　出版部 62754962
印　刷　者	：北京宏伟双华印刷有限公司
经　销　者	：新华书店
	787毫米×1092毫米　16开本　11.75印张　289千字
	2013年3月第1版　2025年5月第13次印刷
定　　　价	：59.00元

未经许可,不得以任何方式复制或抄袭本书之部分或全部内容。

版权所有,侵权必究

举报电话：010-62752024　电子信箱：fd@pup.pku.edu.cn

前言

　　本套日语系列教材共分 5 册,其前身为日本专门教育出版社(东京)投入大量人力、物力,汇集日语教学及美工等各方面专家编写设计出版的『学ぼう！にほんご』,本书为其中的第一册。这套系列教材专为日语学校开发,因而设计过程中,特别注重知识点的连贯性和教学的效率,确保各册知识点无重复、无遗漏,以适应从零基础到高级水平的学习。

　　这套教材中的每册书都设定了相应的学习目标。为了方便广大日语学习者使用本套丛书,我们对原书的结构进行了适当的调整,由 6 册合并为 5 册。本套教材以现今权威的"日本语能力测试"(JLPT)为基准,各册书分别与各级考试合格水平一一对应。学完并掌握本册书中 80% 内容的学生可以达到 JLPT 的 N5 级水平。

　　为实现这一学习目标,本套教材的语法项目基本涵盖了 JLPT 中出现的各项内容。同时,词汇的分类标准以专门教育出版社(东京)的『1 万語語彙分類集』为依据,汉字标准以该出版社的『語彙別漢字基準』为依据。这两本书同时也是该出版社的『日本語学力テスト』的出题标准。这一系统的分类标准不仅得到了广大日语学习者的好评,也得到了日语教育人士的高度评价。通过这些教学大纲及分类标准,本套教材使学习者能够轻松地掌握各水平的语法、句型、词汇和汉字。

　　《日语完全教程》是一套具备完整体系的教材。与课本配套的有单词手册、练习册和听力练习册。单词手册可有效整理和归纳主教材中的单词,练习册和听力练习册可以帮助学习者巩固已经学到的知识。

　　本教材现已广泛应用于日本各语言学校及大学预科的日语教育中,在中国被新东方定为日语专用教材。希望它能在国内生根发芽,得到广大日语学习者的喜爱和支持。

2015 年 1 月

编者

まえがき

　本書は、副題「初級から上級までの一貫シリーズ」が示すように、全6巻から成り立っている日本語教科書シリーズの第2巻です。

　本シリーズは、国内外を問わず正規の日本語学校の教室で実際に使用されることを目的に開発されたものです。そのため、開発にあたっては、まったくの初心者から上級者までの一連の学習が、すき間なく、かつ重複することなく、効率よく達成できることを最大の目標としました。

　また、それぞれの巻には学習到達目標が定められています。学習到達目標の定め方にはいろいろな手法がありますが、本シリーズは、現在、全世界で70万人もの受験者を擁し、唯一オーソライズされた日本語の試験として『日本語能力試験』があることに鑑み、それぞれの巻に同試験の合格レベルを割り当ててあります。ちなみに、本巻は修了時に、ほぼ80％の学生が日本語能力試験のN4に合格できるように構成されています。

　これらの目標を達成するために、本シリーズの文法項目は同試験のシラバスのほぼ全領域をカバーするように構成されています。また、語彙基準は専門教育出版の『1万語語彙分類集』を、さらに、漢字基準は同じく同社の『語彙別漢字基準』を使用しています。この両書は同社の『日本語学力テスト』の出題基準ともなっているもので、そのレベル基準は日本語教育関係者から高い評価を得ているものです。これらのシラバス、基準の使用によって、本シリーズは、それぞれのレベルに応じた文法・文型、語彙、漢字が無理なく学習できることが可能になっています。

　また、本シリーズのもう一つの特色は、教師用マニュアル、学生用マニュアル、練習問題集、テスト問題集、聴解教材、絵カードなど、周辺教材が豊富に用意されていることです。学生用マニュアルは、世界の主要言語については、ほぼすべて用意されることになっております。さらに、教師用マニュアルは単に文法解説のみに止まらず、各課の教育目標、教室において想定される学生からの質問への対応などの他、モデル授業プランも提示されておりますので、実際の授業経験の少ない教師も無理なく本書を使用して授業ができるように構成されております。

　本シリーズが皆様の温かいご支援をいただき大きく成長できることを切に願っております。

日本語教育教材開発委員会

目录

前言 3

まえがき 4

登場人物の紹介（出场人物介绍）... 9

第1課　あしたの朝　早く　でかけるので、今から　準備します。
　　　　（明早要早出门，所以从现在开始做准备。）......................... 11
　　　あしたの朝　早く　でかけるので、今から　準備します。
　　　ワンさんは　約束したのに、来ませんでした。
　　　コーヒーなら、ブラジルです。
　　　　＊～ので、…。(12)　　＊～のに、…。(14)　　＊～なら、…。(16)

第2課　船が　見えますか。（看得见船吗?）................................. 19
　　　わたしは　日本語が　話せます。
　　　船が　見えます。
　　　音楽室から　歌が　聞こえます。
　　　　＊可能表現(1) (20)　　＊可能表現(2) (24)

第3課　卒業したら、日本の　会社に　勤めるつもりです。
　　　　（等毕业了，（我）打算在日本的公司工作。）....................... 27
　　　卒業したら、国へ　帰ろうと思います。
　　　卒業したら、日本の　会社に　勤めるつもりです。
　　　来週から、出張する予定です。
　　　　＊意向表現(28)　　＊～つもりです。/～予定です。 (31)

第4課　あの人は　人間ではないようです。（那个人好像不是人类。）........... 35
　　　あの人は　人間ではないようです。
　　　あしたは　なるべく　早く　来るようにします。
　　　日本語が　話せるようになりました。
　　　　＊～ようです。(36)　　＊～ようにします。(38)　　＊～ようになります。(40)

第5課　早く　行け！（快去!）... 43
　　　早く　行け！
　　　あの部屋に　入るな！
　　　このマークは　たばこを　吸うな　という意味です。
　　　もう　遅いから　早く　寝なさい。
　　　　＊命令表現　と　禁止表現(44)　　＊～という意味です。(46)　　＊～なさい。(48)

第6課　学校へ　行ってきます。（我去一下学校（就回来）。）……51
学校へ　行ってきます。
友だちの家へ　行く途中で、プレゼントの花を　買っていきました。
　　＊〜てきます。　(52)　　＊〜ていきます。　(55)

第7課　このズボンを　はいてみてください。（请穿穿看这条裤子。）……59
このズボンを　はいてみてください。
電車の中に　傘を　忘れてしまいました。
友だちが　来るので、ケーキを　買っておきました。
　　＊〜てみます。　(60)　　＊〜てしまいます。／〜てしまいました。　(62)
　　＊〜ておきます。　(64)

第8課　あなたが　行くなら、わたしも　行きます。（要是你去的话，我也去。）……67
一生懸命　勉強すれば、きっと　合格するでしょう。
春になれば、花が　咲きます。
暗ければ　暗いほど、星が　よく　見えます。
あなたが　行くなら、わたしも　行きます。
　　＊〜ば、…。（1）(68)　　＊〜ば、…。（2）(70)　　＊〜なら、…。　(72)

第9課　そのケーキ、おいしそうですね。（那块蛋糕，看上去很好吃啊。）……75
そのケーキ、おいしそうですね。
健康のために、毎朝　ジョギングを　しています。
この字は　小さすぎて　読めません。
　　＊〜そうです。様態 (76)　　＊〜ために、…。　(78)　　＊〜すぎます。　(80)

第10課　犬に　手を　かまれました。（被狗咬了手。）……83
わたしは　先生に　ほめられました。
わたしは　犬に　手を　かまれました。
雨に　降られました。
　　＊〜れます。／られます。受身(1) (84)　　＊〜れます。／られます。受身(2) (86)
　　＊〜れます。／られます。受身(3) (88)

第11課　昨夜　ダイヤモンドが　ぬすまれました。（昨晚钻石被盗了。）……91
昨夜　ダイヤモンドが　ぬすまれました。
この寺は　中国の僧によって　建てられました。
　　＊〜れます。／られます。受身(4) (92)　　＊〜れます。／られます。受身(5) (94)

第12課　夕方から　雨が　降るそうです。（据说从傍晚开始下雨。）……99
夕方から　雨が　降るそうです。
この寺は　200年前に　建てられたそうです。
それが　本物かどうか　わかりません。

誕生日のパーティーに 誰が 来たか わかりますか。
　　＊～そうです。伝聞 (100)　　＊～れる／られる＋そうです。(102)
　　＊～か／～かどうか… (104)

第13課　彼は あした 来るはずです。(他明天应该会来。)...................107
　　あしたは 夕方から 雨が 降るらしいです。
　　来週だったら、行けるかもしれません。
　　彼は あした 来るはずです。
　　彼は 今 病気だから、学校へ 来るはずがありません。
　　　＊～らしいです。(108)　　＊～かもしれません。(110)
　　　＊～はずです。／～ないはずです。(111)　　＊～はずがありません。(112)

第14課　来週 テストなので、あしたは 家で 勉強することにします。
　　(因为下周测验, 所以(决定)明天在家学习。)...................115
　　わたしは 体が 弱いので、ときどき 学校を 休むことがあります。
　　来週 テストなので、あしたは 家で 勉強することにします。
　　山田先生が 元気になったということを みんなに 知らせてください。
　　田中さんも パーティーへ 一緒に 行くことになりました。
　　　＊～ことがあります。(116)　　＊～ことにします。／～ということ (118)
　　　＊～ことになります。／～ことになりました。(120)

第15課　先生が この本を くださいました。(老师给了我这本书。).................123
　　先生が この本を くださいました。
　　先生が 作文を 見てくださいました。
　　わたしは 先生に 本を いただきました。
　　教授に 論文を 直していただきました。
　　わたしは 先生に ケーキを さしあげました。
　　わたしは お客様に お茶を 入れてさしあげました。
　　わたしは 弟に 手帳を やりました。
　　子どもに 本を 読んでやりました。
　　　＊くださいます。／～てくださいます。(124)　　＊いただきます。／～ていただきます。(125)
　　　＊さしあげます。／～てさしあげます。(126)　　＊やります。／～てやります。(128)

第16課　どうぞ お座りください。((您)请坐。)...................131
　　先生は もう この本を 読まれましたか。
　　お手紙、ありがとうございます。
　　どうぞ お座りください。
　　お客様は さきほど お帰りになりました。
　　右手を ご覧ください。
　　　＊～れます。／～られます。尊敬 (132)　　＊お～／ご～ (134)

＊お～になります。／ご～になります。(135)　　＊尊敬表現 (136)

第17課　この傘は　田中さんに　お借りしました。(这把伞是问田中先生借的。).........139
　　この傘は　田中さんに　お借りしました。
　　わたしが　先生のお荷物を　お持ちいたします。
　　わたくしは　ワン　ミン　と申します。
　　　　＊お～します。／ご～します。(140)　　＊お～いたします。／ご～いたします。(142)
　　　　＊謙譲表現 (144)

第18課　これは　アジサイという花です。(这是(一种)叫做绣球花的花。).................147
　　午後になって　雨が　降りはじめました。
　　トンネルを　出ると、目の前に　海が　見えました。
　　これは　アジサイという花です。
　　　　＊複合動詞 (148)　　＊～と、…ました。／～と、…た。(150)
　　　　＊～という… (152)

第19課　今日は　早く　帰らせてください。(今天请允许我早点回家。).........................155
　　先生は　学生に　本を　読ませました。
　　母親は　子どもを　買物に　行かせます。
　　今日は　早く　帰らせてください。
　　　　＊～せます。／～させます。使役(1) (156)　　＊～せます。／～させます。使役(2) (158)
　　　　＊～させてください。／～ていただけませんか。(160)

第20課　学生は　先生に　本を　読ませられました。(学生被老师要求读书。).........163
　　学生は　先生に　本を　読ませられました。
　　わたしは　子どものとき、野菜が　嫌いでしたが、よく　母に　食べさせられました。
　　　　＊～せられます。／～させられます。使役受身 (164)
　　　　＊受身・使役・使役受身の総まとめ (166)　　＊復習 (168)

動詞の活用表（动词活用表）..172
五十音順ワードリスト（五十音序单词表）...174

登場人物の紹介（出场人物介绍）

王 明
日本語学校の学生
19歳・中国

王明
日语学校学生
19岁・中国

田中 ひろし
貿易会社の社長
50歳

田中广志
贸易公司总经理
50岁

田中 みどり
田中さんの妻
48歳

田中绿
田中先生的妻子
48岁

田中 道子
田中さんの娘
21歳

田中道子
田中先生的女儿
21岁

金 美英
大学生
21歳・韓国

金美英
大学生
21岁・韩国

金 賢珠
キムさんの姉
25歳・韓国

金贤珠
金同学的姐姐
25岁・韩国

朴 明淑
キムさんの友だち
22歳・韓国

朴明淑
金同学的朋友
22岁・韩国

山田 一郎
日本語の先生
26歳

山田一郎
日语老师
26岁

ビル
22歳・アメリカ

比尔
22岁・美国

カルロス
20歳・ブラジル

卡洛斯
20岁・巴西

李 志敏
19歳
シンガポール

李志敏
19岁
新加坡

スタット
会社員
25歳・タイ

苏泰
公司职员
25岁・泰国

今井
スタットさんの同僚
27歳

今井
苏泰先生的同事
27岁

小林 部長
スタットさんの上司
45歳

小林部长
苏泰先生的领导
45岁

第1課 明早要早出门，所以从现在开始做准备。

あしたの朝　早くでかけるので、今から　準備します。

あしたの朝　早く　でかけるので、今から　準備します。
（明早要早出门，所以从现在开始做准备。）

ワンさんは　約束したのに、来ませんでした。
（小王明明约好了，却没有来。）

コーヒーなら、ブラジルです。（咖啡的话，巴西（比较好）。）

～ので、…。

《基本文》
1 あしたの朝 早く でかけるので、今から 準備します。
　　　　（明早要早出门，所以从现在开始做准备。）
2 今日は 疲れたので、早く 寝ます。（今天累了，所以早点睡觉。）
3 暑かったので、クーラーを つけました。（因为很热，所以开了空调。）
4 今日は ひまなので、買物に 行きます。（今天有空，所以去购物。）
5 もう 10時なので、そろそろ でかけます。
　　　　（已经10点了，差不多该出门了。）

練習

1 例；（あしたの朝 早く でかけます）今から 準備します。
　　　→あしたの朝 早く でかけるので、今から 準備します。

(1)（これから 病院へ 行きます）タクシーを 呼んでください。
(2)（犬を 飼っています）毎日 散歩します。
(3)（今朝 5時に 起きました）眠いです。
(4)（朝ご飯を 食べませんでした）もう おなかが すきました。
(5)（この本は おもしろいです）また 借りたいです。
(6)（この問題集は あまり 難しくないです）一人で できます。
(7)（このコンピューターは 便利です）いつも 使っています。
(8)（あの店の店員は 親切ではありません）もう 行きたくないです。
(9)（雨です）今日は 洗濯が できません。
(10)（もうすぐ 友だちの誕生日です）プレゼントを 買いに 行きます。

2 例； __熱が ある__ ので、今日は アルバイトを 休みます。

(1) ＿＿＿＿＿＿＿＿＿＿＿＿＿ ので、クーラーを つけました。
(2) 彼は ＿＿＿＿＿＿＿＿＿＿＿ ので、みんな 彼が 大好きです。
(3) ＿＿＿＿＿＿＿＿＿＿＿＿＿ ので、授業に 遅れました。
(4) もう ＿＿＿＿＿＿＿＿＿＿＿ ので、お酒を 飲むことができます。

(5) A：コーヒー、いかがですか。
　　B：＿＿＿＿＿＿＿＿＿＿＿ので、あとで　いただきます。
(6) A：＿＿＿＿＿＿＿＿＿＿＿ので、そろそろ　失礼します。
　　B：そうですか。また　遊びに来てくださいね。

例：熱が　あります。　　暑いです。　　20歳です。　　事故がありました。
　　おもしろいです。　　もう　おそいです。　　さっき　飲みました。

対話

1　A：体調はいかがですか。
　　B：毎日ジョギングを続けているので、調子がいいです。

入れ替えよう
スポーツセンターに通っている
食事に気を付けている

2　A：あれ？　もう帰るんですか。今日は早いですね。
　　B：ええ、妻の誕生日なので。

入れ替えよう
これから英会話学校へ行くので
あしたから出張なので

3　A：まだ受付けていますか。
　　B：今日の受付は、終わりましたので、またあした来てください。

入れ替えよう
診療は終了しました

～のに、…。

《基本文》
1 ワンさんは 約束したのに、 来ませんでした。
　　　（小王明明约好了，却没有来。）
2 バスを 1時間も 待っているのに、 まだ 来ません。
　　　（等了一个小时巴士了，可是还没来。）
3 わたしの妹は、学校が 近いのに、 よく 遅刻します。
　　　（我的妹妹，学校明明很近，可经常迟到。）
4 今日は ひまだったのに、 どこへも 行きませんでした。
　　　（今天明明很空，可是哪儿也没去。）
5 あしたは 日曜日なのに、 会社に 行かなければなりません。
　　　（明天明明是星期天，可是必须要去公司。）

練習

1 例；(ワンさんは 約束しました) 来ませんでした。
　→ワンさんは 約束したのに、来ませんでした。
(1) (お金を 入れました) ジュースが 出ません。
(2) (タクシーで 来ました) 間に合いませんでした。
(3) (合格すると 思いました) 不合格でした。
(4) (熱が あります) 海へ 行きました。
(5) (この店は 値段が 高いです) おいしくないです。
(6) (彼は ひまです) 手伝ってくれません。
(7) (受験生です) 今日も 遊んでいます。
(8) (両親が とても 心配しています) うちに 電話を しませんでした。
(9) (きょう 宿題を 出さなければなりませんでした) 忘れました。
(10) (トマトは 食べることができます) トマトジュースは 飲むことができません。

2 例：＿水が 飲みたい＿ のに、ありません。
(1) ＿＿＿＿＿＿＿＿＿＿＿のに、きょうは 元気が ありません。
(2) ＿＿＿＿＿＿＿＿＿＿＿のに、まだ おなかが すいています。
(3) ＿＿＿＿＿＿＿＿＿＿＿のに、合格できませんでした。
(4) ＿＿＿＿＿＿＿＿＿＿＿のに、バスが まだ 来ません。

(5) A: _____のに、切符が 出ません。

B: すみません、すぐ 調べます。

例：水が 飲みたいです。　　　　　30分も 待っています。
　　ごはんを 3杯も 食べました。　お金を 入れました。
　　彼女は いつも 明るいです。　　一生懸命 勉強しました。

対話

A：体の調子は、いかがですか。
B：毎日薬を飲んでいるのに、なかなかよくなりません。

```
―― 入れ替えよう ――
　漢字の勉強 ― 毎日 勉強しています
　　　　　　　　なかなか 覚えることができません
　今度のアパート ― 静かな所だと思っていました
　　　　　　　　　　車の音がうるさいんです
```

豆知識　小知识

　ゴミの分別とは、家庭などから出るゴミを種類別に分けることです。その主な目的は、ゴミを減らすこととリサイクルすることです。分別の種類は、各地方自治体によって違います。例えば、横浜市では、生ゴミなどの燃やすゴミ、燃えないゴミ、乾電池、スプレー缶、缶・瓶・ペットボトル、鍋・フライパンなどの小さな金属類、プラスチック製容器包装、毛布などの古布、新聞や雑誌などの古紙、粗大ゴミの10種類に分けられ、それぞれの収集日が決められています。また、粗大ゴミはの収集は有料で、事前の申し込みが必要となります。

　垃圾分类，指的是将家庭等场所产生的垃圾进行分类。其主要目的是减少垃圾和废旧物品的循环利用。垃圾划分的类别根据各地政府的规定而有所不同。例如在横滨市，垃圾分为以下10类：厨房垃圾等可燃垃圾、不可燃垃圾、干电池、喷雾罐、罐／瓶／塑料瓶、锅／平底锅等小型金属类垃圾、塑料容器及包装、毛毯等旧布、报纸和杂志等废纸、大型垃圾。这些垃圾的回收日期通常都是固定的。此外，大型垃圾的回收是要付费的，且需要事先申请。

～なら、…。

《基本文》
1 山田先生なら、教室ですよ。(山田老师的话，在教室呢。)
2 コーヒーなら、ブラジルです。(咖啡的话，巴西(比较好)。)

練習

1 例；A:スタットさんは いますか。
　　　 B:(スタットさん)帰りましたよ。
　　　 →スタットさんなら、帰りましたよ。

(1) A:ワンさんは いますか。
    B:(ワンさん)図書館です。
(2) A:わたしの めがねを しりませんか。
    B:(めがね)タンスの上に あります。
(3) A:リーさんは どこですか。
    B:(リーさん)コンビニへ 行きました。
(4) A:ごみ箱は どこですか。
    B:(ごみ箱)その机の後ろです。

2 例；(コーヒー)この店が おいしいです。
　　　 →コーヒーなら、この店が おいしいです。

(1) (旅行)ハワイだよ。　　　　　(2) (ラーメン)屋台が いいよね。
(3) (コーヒー)カプチーノが 一番 好きです。　(4) (山)富士山が 一番だね。

3 例；山田先生は どこですか。→(山田先生・教室)
　　　 ── 山田先生なら、教室です。

(1) はさみは どこですか。→(はさみ・引き出しの中)
(2) 校長先生は どこに いますか。→(校長先生・図書室)
(3) カニが 食べたいなあ。→(カニ・北海道)
(4) 京都へ 旅行に 行きたいなあ。→(京都・秋)
(5) 靴を 買いたいんですが、どこのが いいですか。→(靴・イタリア製)

> **対話**

A：パソコンを買いたいんだけど、どこのがいいかなあ。
B：そうね、パソコンなら、ジャパン電気のがいいと思うよ。
C：ええ？　わたしなら、ヤマト電気のを勧めるわ。

――入れ替えよう――
ワイン ― フランス ― イタリア
携帯―A社―B社

やってみよう！

『て形』の作り方

（　　）の中のことばは　どちらがいいですか。

「見て」は、「見ます」の「ます」をとって、「て」をつけます。「食べて」も「食べます」の「ます」をとって、「て」をつけます。どちらも同じⅡグループのV（動詞）な（ので／のに）、同じ作り方です。

　Ⅰグループはどうでしょうか。
「飲んで」と「書いて」は同じⅠグループのV（動詞）な（ので／のに）、作り方が同じではありません。どちらも「飲みます」、「書きます」の「ます」をとって「て」をつけると、「飲みて」、「書きて」になります。これは、どちらもまちがいです。「飲みます」（のに／なら）、「飲みます」から「ます」をとって、「み」を「んで」に代えます。「書きます」（ので／なら）、「書きます」から「ます」をとって、「き」を「いて」に代えます。

　やってみよう：「聞きます」はどうなりますか。説明してみましょう。

会話

1

キム：来月、学校で弁論大会がありますよ。
ワン：キムさんは参加するんですか。
キム：去年も参加したので、今年も参加します。
ワン：すごいですね。
キム：ワンさんも参加しませんか。いい勉強になりますよ。
ワン：僕はちょっと自信がありません。

2

A：帰りに、ちょっとお茶でもどうですか。
B：今日は、用事があるので…。
A：じゃ、また今度。
B：すみません。

3

カルロス：今度、コンサートに行かない？
ビル　　：いいけど…、何のコンサート？
カルロス：クラシックのコンサートだよ。
ビル　　：クラシックなら、チャイコフスキーがいいなあ。
カルロス：チャイコフスキーなら来週から始まるよ。
ビル　　：じゃ、すぐにチケットを買いに行こう。

第2課　看得见船吗？
船が　見えますか。

わたしは　日本語が　話せます。（我会说日语。）
船が　見えますか。（看得见船吗？）
音楽室から　歌が　聞こえます。（听得见从音乐教室（传来的）歌声。）

可能表現（1）

《基本文》
1　わたしは　日本語が　話せます。（我会说日语。）
2　わたしは　日本語しか　話せません。（我只会说日语。）
3　コンビニで　お金が　おろせます。（可以在便利店取钱。）
4　子どものころ　にんじんは　食べられましたが、
　　ピーマンは　食べられませんでした。
　　（小时候，吃得了胡萝卜，可是吃不惯青椒。）

練習

1　例；話すことが　できます。　→　話せます。
　(1) 書くことが　できます。　　　(2) 泳ぐことが　できます。
　(3) 投げることが　できます。　　(4) 着ることが　できます。
　(5) 修理することが　できます。　(6) 来ることが　できます。

2　例；ピアノを　弾く。
　　　　→　あなたは　ピアノが　弾けますか。　――　いいえ、弾けません。
　(1) ローマ字を　書く。　　　　　(2) お酒を　飲む。
　(3) 英語の新聞を　読む。　　　　(4) スキーを　する。
　(5) コンピューターを　使う。　　(6) からい　食べ物を　食べる。

3　例；料理・作ります（中華料理）
　　　　→　あなたは　いろいろな料理が　作れますか。
　　　　　　―― いいえ、中華料理しか　作れません。
　(1) 言葉・話します（日本語）　　　(2) 漢字・書きます（自分の名前）
　(3) 歌・歌います（ロシアの歌）　　(4) 踊り・踊ります（ハワイのフラダンス）
　(5) 服・縫います（スカート）　　　(6) 楽器・弾きます（ギター）
　(7) スポーツ・します（水泳）　　　(8) 車・運転します（普通車）

4 例；ジュースを 買います。(あそこの自動販売機)

　　→ どこで ジュースが 買えますか。
　　　—— あそこの自動販売機で 買えます。

(1) パンフレットを もらいます。(事務室)　(2) 電話料金を 払います。(コンビニ)
(3) 定期券を 買います。(みどりの窓口)　(4) メールを 見ます。(ネットカフェ)
(5) 歴史の本を 借ります。(図書館)　(6) お金を 換えます。(銀行)
(7) 空席状況を 調べます。(ホームページ)　(8) 水泳を します。(スポーツセンター)

5 例；ここで スポーツを します (ピンポン○、 野球×)

　　→ ここで どんな スポーツが できますか。
　　　—— ピンポンは できますが、野球は できません。

(1) この店で 服を 買います。→婦人服○、紳士服×
(2) このマンションで ペットを 飼います。→鳥や魚○、犬や猫×
(3) あなたは お酒を 飲みます。→ワイン○、日本酒×
(4) あなたは 肉を 食べます。 → 牛肉○、豚肉×

活用の作り方　動詞

Ⅰグループ

ます形	作り方	可能形
会います	い→え	会えます
書きます	き→け	書けます
泳ぎます	ぎ→げ	泳げます
話します	し→せ	話せます
待ちます	ち→て	待てます
死にます	に→ね	死ねます
遊びます	び→べ	遊べます
読みます	み→め	読めます
帰ります	り→れ	帰れます

Ⅱグループ

ます形	可能形
食べ ます	食べ られます
起き ます	起き られます

Ⅲグループ

ます形	可能形
します	できます
来ます	来られます

対話

1

A：このアルバイトに週3日来られますか。
B：はい、平日は午後2時からなら来られます。土曜日、日曜日は午前、午後、どちらも大丈夫です。
A：パソコンはできますか。
B：はい、基本的なことならできます。
A：時々、重い荷物を運んだりしますが…。
B：はい、大丈夫です。
A：何か質問はありますか。
B：交通費は出ますか。
A：はい、給料と一緒に支払います。
B：わかりました。
A：では、結果は金曜日までにおしらせします。
B：はい、よろしくおねがいします。

入れ替えよう

料理 ― 残業があります ―
食事 ― 夜のシフトの日は出ます

2

A：趣味は何ですか？
B：今、お茶を習っています。
A：素敵ですね。楽しいですか。
B：はい。でも、まだ少ししかできません。
A：きっと、だんだん上手になりますよ。わたしも何か習いたいなあ。

入れ替えよう

生け花　日本舞踊

国内ツアー

4つの旅行の広告を読んで、質問に答えてください。

A：北海道大自然ふれあいツアー
　　1泊2日　1名様　1万5千円
・牧場で馬にさわれます。＋2000円で馬に乗れます。
・夕食はおいしい「カニ」が食べ放題。（焼き肉に代えられます。）

B：横浜中華街食べ歩きツアー
　　1泊2日　1名様　1万3千円
・ホテルから中華街まで歩けます。
・ホテルから夜景が見られます。

C：京都歴史発見ツアー
　　1泊2日　1名様　1万4千円
・「1日バスフリーきっぷ」がもらえます。
・人力車でお寺へ行けます。

D：夏休み沖縄家族ツアー
　　1泊2日　1名様　（おとな）1万8千円　（子ども）1万2千円
・スキューバダイビングができます。
・ホテルで車が借りられます。

ツアーの受付になって、次の質問に答えましょう。

質問1：北海道に行きたいですが、カニが嫌いです。他の食べ物に代えられますか。
質問2：北海道で馬に乗りたいです。牧場で乗れますか。
質問3：中華街まで行きたいです。ホテルから近いですか。
質問4：京都の町はよくわかりません。歩いて周らなければなりませんか。
質問5：沖縄は車で周りたいです。車はどこで借りられますか。
質問6：あなたの国（町）に行きたいです。何ができますか。

可能表現（2）

《基本文》
1 船が 見えますか。（看得见船吗？）
2 A: あの高いビルが 見えますか。 （A:那个高楼，看得见吗？）
　 B: いいえ、あまり よく 見えません。（B:不，看不太清楚。）
3 音楽室から 歌が 聞こえます。（听得见从音乐教室（传来的）歌声。）
4 先生の声が よく 聞こえません。（老师的声音听不清楚。）

練習

1 例；黒板の字を 見ます。→はい／いいえ

　　→ 黒板の字が 見えますか。

　　　　――はい、とても よく 見えます。

　　　　――いいえ、あまり よく 見えません。

(1) あの山を 見ます。→いいえ　　(2) 子どもの泣き声を 聞きます。→はい
(3) CDの音を 聞きます。→はい　　(4) 東京タワーを 見ます。→いいえ
(5) 看板の字を 見ます。→はい　　(6) 車の音を 聞きます。→いいえ
(7) 先生の声を 聞きます。→いいえ　(8) あの星を 見ます。→はい

2 例；テープの音が （聞こえません・聞けません）から、もっと 大きくしてください。
(1) ボードの字が 小さくて（見られません・見えません）から、
　　前に 座ってもいいですか。
(2) 先生の声が よく（聞けません・聞こえません）から、静かにしてください。
(3) 星座が（見えません・見られません）から、
　　望遠鏡を 貸してください。
(4) 鳥の鳴き声が（聞こえません・聞けません）から、近くに 行ってもいいですか。

3 例；A: 後ろの席の人は どうですか。
　　　　B: 先生の声は よく __聞こえ__ ますが、字は あまり よく __見え__ ません。

(1) A: あそこに オリオン座が _____ ますか。
　　B: ええ、_____ ます。

(2) A: 映画の字幕が よく _____ ましたか。
　　B: いいえ、_____ でした。

(3) A: 毎週木曜日 夜7時から ラジオで 日本語講座が _____ ます。
　　B: そうなんですか。では、わたしも 今週から 聞きます。

(4) A: 窓から 花火が 遠くに _____ ました。
　　B: 花火の音も _____ ましたね。

(5) A: 最近は いろんな国のテレビ番組が _____ ね。
　　B: ええ、便利ですよね。昨日も アメリカのニュースを 見ました。

(6) A: もうすぐ 海が _____ ます。
　　B: あ、波の音が _____ ますよ。

(7) A: もうすぐ 映画館で 話題のホンコン映画が _____ ます。
　　B: その映画なら、僕は もう 前売券を 買いました。

```
見られます    聞けます
見えます     聞こえます
```

対話

A: 新しい家は、どんな所ですか。
B: 山の上にあります。鳥の声が聞こえます。
A: 静かな所ですね。海が見えますか。
B: ええ。海も町も見えます。
A: それは、すてきですね。

入れ替えよう
今度の工場 － 海の近く － 波の音
－ いい所 － 星 － 天の川
－ 北斗七星

会話 ▶ 富士山が見えます。

第3課　等毕业了,（我）打算在日本的公司工作。

卒業したら、日本の　会社に　勤めるつもりです。

卒業したら、国へ　帰ろうと思います。（等毕业了,（我）打算回国。）
卒業したら、日本の会社に　勤めるつもりです。
（等毕业了,（我）打算在日本的公司工作。）
来週から、出張する予定です。（预定从下周起去出差。）

意向表現

《基本文》
1 いっしょに 行こう。(一起走吧!)
2 卒業したら、国へ 帰ろうと思います。
　(等毕业了,(我)打算回国。)

練習

1 例；いっしょに 行く。 → いっしょに 行こう。

(1) みんなで 踊る。
(2) 大きな声で 読む。
(3) バスに 乗る。
(4) いっしょに 写真を 撮る。
(5) あそこまで 運ぶ。
(6) 手を あげて 横断歩道を 渡る。
(7) 人生を 楽しむ。
(8) 外から 帰ったら、手を 洗う。
(9) 遠くへ 投げる。
(10) 何でも 食べる。
(11) ビデオを 見る。
(12) 早く 寝る。
(13) 頑張って やせる。
(14) きれいに 並べる。
(15) 一生懸命 練習する。
(16) あしたも 来る。

2 例；卒業したら、国へ （帰ります）と思います。
　　→ 卒業したら、国へ 帰ろうと思います。

(1) あした 早いので、今晩は 9時に（寝ます）。
(2) 週末は 友だちと（遊びます）と思います。
(3) 夏休みに 海へ（行きます）と思います。
(4) この仕事は もうすぐ 終わるから、みんなで（頑張ります）。
(5) 今日は 家で ゆっくり（休みます）と思う。
(6) 今の仕事を（辞めます）と思います。
(7) もっと 広い部屋に（引越します）と思います。
(8) シャワーを 浴びたあとで、晩ご飯を（食べます）。
(9) 夏までに 絶対（やせます）！
(10) 今日は 徹夜で（勉強します）！

3

Ⅰグループ

例：会います → <u>会おう</u>
(1) 笑います → _____
(2) 誘います → _____
(3) 手伝います → _____
(4) 行きます → _____
(5) 歩きます → _____
(6) 話します → _____
(7) 残します → _____
(8) 思い出します → _____
(9) 待ちます → _____
(10) 遊びます → _____
(11) 運びます → _____
(12) 飲みます → _____
(13) 飾ります → _____
(14) 折ります → _____

Ⅱグループ

(1) 調べます → _____
(2) 寝ます → _____
(3) 迎えます → _____
(4) 見ます → _____
(5) 伝えます → _____
(6) 片付けます → _____
(7) 捨てます → _____
(8) 比べます → _____
(9) 決めます → _____

Ⅲグループ

(1) します → _____
(2) 結婚します → _____
(3) 見学します → _____
(4) 招待します → _____
(5) 来ます → _____

第3課

― 活用の作り方　動詞 ―

Ⅰグループ

ます形	作り方	意向形
会います	い→お	会おう
書きます	き→こ	書こう
泳ぎます	ぎ→ご	泳ごう
話します	し→そ	話そう
待ちます	ち→と	待とう
死にます	に→の	死のう
遊びます	び→ぼ	遊ぼう
読みます	み→も	読もう
帰ります	り→ろ	帰ろう

Ⅱグループ

ます形		意向形	
食べ	ます	食べ	よう
起き	ます	起き	よう

Ⅲグループ

ます形	意向形
します	しよう
来ます	来よう

4 例；A: 今日は どうする？

B: 疲れたから、もう ___帰ろう___ と思う。

(1) A: もう 両親には 話したの？

B: ううん、まだ。あした ＿＿＿＿＿＿ と思う。

(2) A: もう、進学のことを 先生に相談しましたか。

B: いいえ、まだです。あした ＿＿＿＿＿＿ と思います。

(3) A: もう、あの映画を 見ましたか。

B: いいえ。今度の土曜日に ＿＿＿＿＿＿ と思います。

(4) A: 卒業したら、何をしますか。

B: 卒業したら、＿＿＿＿＿＿ と思います。

例：帰ります。　彼女と 見に行きます。　話します。
　　イギリスに 留学します。　相談します。

対話

A：レポートは、もうできた？
B：ううん、まだできていないんだ。
A：そうか、僕もまだなんだ。
B：じゃあ、一緒に書こうか。
A：いいね。授業が終わったら、図書館へ行こう。

入れ替えよう

宿題 － しようか ― ぼくのうちで しよう

～つもりです。／～予定です。

《基本文》
1　卒業したら　日本の会社に　勤めるつもりです。
　　（等毕业了,（我）打算在日本的公司工作。）
2　何が　あっても　この仕事を　やめないつもりです。
　　（无论发生什么,（我）都不打算辞去这份工作。）
3　来週から　出張する予定です。（计划从下周起去出差。）
4　来週から　出張の予定です。（计划从下周起去出差。）

練習

1　例；来年　家を　建てよう。　→　来年　家を　建てるつもりです。
　(1) 来年　ドイツに　留学しよう。
　(2) 今晩　あしたの会議の書類を　読もう。
　(3) あなたとの約束は　守ろう。
　(4) 夏休み中に　運転免許を　取ろう。
　(5) みんなに　本当のことを　言おう。
　(6) 家族で　将来のことを　話し合おう。
　(7) 来年の春　北海道へ　引越そう。

2　例；何が　あっても　やめません。→何が　あっても　やめないつもりです。
　(1) いいチャンスだから、この仕事を　断りません。
　(2) わたしは　悪くないので　謝りません。
　(3) 世話が　大変なので、ペットは　飼いません。
　(4) 将来のことは　まだ　決めません。
　(5) 早く　働きたいので、進学しません。
　(6) 仕事が　楽しいので、まだ　結婚しません。

3 例；A: これから どうするんですか。
　　　B: できれば、ずっと　__日本に いる__　つもりです。

(1) A: 来週は 旅行ですか。
　　B: はい、妻と _____ つもりです。

(2) A: 卒業後は、国へ 帰らないんですか。
　　B: ええ、_____ つもりです。

(3) A: 海外で 就職するんですか。
　　B: ええ、4、5年は 向こうで _____ つもりです。

(4) A: 仕事だけですか？ 結婚は？
　　B: しばらく _____ つもりです。

例：日本に います　　日本で 頑張ります　　ふたりで 行きます
　　結婚しません　　働きます

---

4 例1；週末は 海に 行きます。　→　週末は 海に 行く予定です。
　例2；来週は 出張です。　　　→　来週は 出張の予定です。

(1) 木曜日は 会社を 休みます。
(2) 来週の火曜日から 三日間 出張です。
(3) 来週の月曜日、アルバイトの面接に 行きます。
(4) ホテルには 6時ごろ 着きます。

5 例；A: 週末は 何か 予定が ありますか。
　　　B: ええ、音楽会へ ___行く___ 予定です。

(1) A: いつ 出張から 帰りますか。
　　B: 週末に _____ 予定です。

(2) A: もう 飛行機の予約を 取ったんですか。
　　B: ええ、あさって 午後4時 _____ 予定です。

(3) A: この件は…？
　　B: あした 会議を してから、_____ 予定です。

(4) A: 大阪に 3年ほど _____ 予定です。
　　B: 頑張ってください。

例：行きます　　出発　　戻ります　　転勤　　決めます

対話

A：週末の予定は？

B：特にないけど…。

A：友だちとみんなで、山登りに行く予定なんだけど、一緒に行かない？

B：うちで本を読むつもりだったけど、そうしようかな。

入れ替えよう

ハイキングに行く ― 一人でビデオを見る
バーベキューをする ― 家でのんびりする

第3課

二人の考え方

今井さんと今井さんの彼女の山口さんは来年結婚する予定です。

今井さん： 来年結婚したら、車を買おうと思います。車があったら便利ですから。それから、広いうちへ引越すつもりです。新婚旅行は、日本の温泉でゆっくりしたいですね。結婚式は、小さい式でもいいと思います。

山口さん： 結婚式は、家族や友だちをたくさん呼んで、大きい結婚式をするつもりです。結婚式の後で、パーティーをして、きれいな着物やドレスを着ようと思っています。新婚旅行は、海外へ行くつもりです。ヨーロッパ、ハワイ、どこがいいかな。

質問　○か×を書いてください。

（　）今井さんは大きい結婚式をするつもりです。
（　）山口さんは結婚式に家族や友だちを呼ぼうと思っています。
（　）今井さんは新婚旅行へ行かないつもりです。
（　）山口さんは広いうちに引越そうと思っています。

会話

1
A：あしたから冬休みですね。お正月は、国へ帰りますか。
B：はい、そのつもりです。
A：いつ日本へ戻りますか。
B：1月7日に戻る予定です。
　　8日から授業が始まりますから。
A：そうですか。それでは、よいお年を。
B：よいお年を。

2
A：春休みは、旅行しますか。
B：ええ、ツアーの予約をしました。
A：どこへ行くんですか。
B：ハワイへ5日間の予定です。
A：楽しみですね。
B：ええ。

3
ビル：これから、忙しくなります。
ワン：どうしてですか。
ビル：来年、大学に入りたいので、受験の準備をするつもりなんです。
ワン：わあ、頑張ってくださいね。
ビル：はい。

第4課 　那个人好像不是人类。
あの人は　人間ではないようです。

あの人は　人間ではないようです。（那个人好像不是人类。）
あしたは　なるべく　早く　来るようにします。（明天我尽量早点来。）
日本語が　話せるようになりました。（（变得）会说日语了。）

～ようです。

《基本文》
1　子どもたちは　もう　寝たようです。（孩子们好像已经睡了。）
2　そろそろ　会議が　始まるようです。（好像会议差不多要开始了。）
3　スタットさんは　お酒が　好きなようです。（苏泰先生好像喜欢（喝）酒。）
4　A：外が　騒がしいですね。（A：外面很吵啊。）
　　B：自動車事故のようですよ。（B：好像出车祸了。）
5　あの人は　人間ではないようです。（那个人好像不是人类。）
6　A：雨が　降ってきましたね。（A：开始下雨了。）
　　B：そのようですね。（B：好像是的呢。）

練習

1　例；会議室から　人が　出てきましたね。
　　　　ミーティングが　（終わりました）。　→　ミーティングが　終わったようです。

(1) 音楽や　人の声が　聞こえますね。
　　となりの部屋で　パーティーを　（しています）。→

(2) ワンさんの部屋は　電気が　ついていませんね。
　　ワンさんは　今、部屋に　（いません）。→

(3) 駅に　たくさん　人が　いますね。
　　電車の事故が　（ありました）。→

(4) 子どもの部屋が　静かになりましたね。
　　子どもは　もう　（寝ました）。→

(5) みんな　大きいスーツケースを　持っています。
　　夏休みだから、旅行する人が　（多いです）。→

(6) キムさんが　料理を　作っていますが、時間が　かかっています。
　　キムさんは　料理が　（苦手です）。→

2 例； A: どうしましたか。

　　　B: ___熱が ある___ ようです。

(1) A: 人が 大勢いますね。

　　B: だれかが _____ ようですよ。

(2) A: 教室の前に 男の人が いましたね。うちの学生ですか。

　　B: いいえ、うちの _____ ようですね。

(3) A: すみません、山田先生の授業は 終わりましたか。

　　B: まだ _____ ようだから、もう少し 待ってください。

(4) A: ビルさんは 日本料理が 何でも 好きなんですか。

　　B: はい、何でも _____ ようです。

(5) A: あの人は すごく _____ ようですね。

　　B: そうですね。また ベンツの新車を 買ったんですよ。

(6) A: このテスト、名前が ありませんね。ワンさんのでしょうか。

　　B: いいえ、_____ ようです。

(7) A: 最近 今井さんに 会った？

　　B: ううん、全然。出張で _____ ようです。

例：熱が あります。　授業が 終わっていません。　お金持ちです。
学生では ありません。　ワンさんのでは ありません。　ライブを しています。
忙しいです。　食べられます。

対話

A：ワンさん、元気がないようですね。どうしたんですか。
B：デートがキャンセルになったようですよ。
A：それで、元気がないんですね。

入れ替えよう
試験ができませんでした。
飛行機のチケットがとれなくて、国へ帰れません。

～ようにします。

《基本文》

1 あしたは なるべく 早く 来るようにします。（明天我尽量早点来。）
2 傘を 忘れないようにしよう。（別忘记带伞哟。）
3 休日は 家族と 過ごすようにしています。
　　　　（休息日，我（尽量）和家人一起度过。）
4 あしたから 遅刻しないようにしてください。
　　　　（从明天开始，请你（尽量）不要迟到。）

練習

1 例；約束を 守ります。　　→　約束を 守るようにします。

(1) 時間に 遅れません。　　(2) 出発時刻に 間に合います。
(3) 鍵を かけます。　　　　(4) 復習を します。

2 例；よく 傘を 忘れます。
　　→　今度から 傘を 忘れないようにします。

(1) よく 鍵を なくします。　　(2) よく 遅刻します。
(3) よく 忘れ物を します。　　(4) よく 計算を 間違えます。

3 例；A: なるべく 早く 来てくださいね。
　　　B: はい、早く 来るようにします。

(1) A: なるべく 今週中に レポートを まとめてくださいね。
　　B: はい、できるだけ ＿＿＿＿＿＿＿＿＿＿＿＿。
(2) A: なるべく 約束を 守ってくださいね。
　　B: はい、＿＿＿＿＿＿＿＿＿＿＿＿。
(3) A: なるべく 連絡を とってくださいね。
　　B: はい、＿＿＿＿＿＿＿＿＿＿＿＿。
(4) A: なるべく あしたの朝までに この荷物を 届けてください。
　　B: はい、＿＿＿＿＿＿＿＿＿＿＿＿。

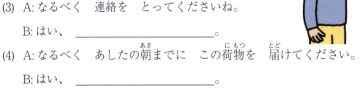

4 例；日曜日は なるべく 家族と （います）。
　　→ 日曜日は なるべく 家族と いるようにしています。

(1) 休日は できるだけ ゆっくり （休みます）。
(2) 学校では なるべく 日本語を （話します）。
(3) 金曜日は できるだけ 残業を （しません）。
(4) 夜は あまり 一人では （歩きません）。

5 例；休むときは 必ず 電話で （連絡します）。
　　→ 休むときは 必ず 電話で 連絡するようにしてください。

(1) お客様の名前を 早く （覚えます）。
(2) あしたの朝、早く 出かけるから、（夜更かししません）。
(3) いつも 時間に 遅れるから、腕時計を （忘れません）。
(4) 学生証は 大切ですから、（なくしません）。

6 例1；日曜日は 子どもと ＿＿遊ぶ＿＿ ようにしています。
　 例2；出かけるときは、腕時計を ＿＿忘れない＿＿ ようにしています。

(1) パスポートは 大切ですから、＿＿＿＿＿＿＿ようにしてください。
(2) なるべく たくさん 野菜を ＿＿＿＿＿＿＿ようにしています。
(3) A: 今夜は 遅くなるよ。
　　B: あまり お酒を ＿＿＿＿＿＿＿ようにしてくださいね。
(4) A: また 遅刻したんですか。
　　B: すみません、＿＿＿＿＿＿＿ようにしていたんですが、寝坊しました。
(5) A: お客様が 大勢いますね。
　　B: お客様の名前を 早く ＿＿＿＿＿＿＿ようにしてくださいね。
(6) A: また 少し 太ったんじゃない？
　　B: なるべく お菓子を ＿＿＿＿＿＿＿ようにしているんですけど。

例1；遊びます　　例2；忘れません　　なくしません　　遅刻しません
覚えます　飲みません　食べません　食べます

～ようになります。

《基本文》
1 日本語が 話せるようになりました。(学会说日语了。)
2 携帯電話で 写真が 撮れるようになりました。
  (学会用手机拍照了。)
3 日本に 来てから、お酒を 飲むようになりました。
  (来日本以后，养成了喝酒的习惯。)

練習

1 例；英語の新聞が 読めませんでした。
  → 英語の新聞が 読めるようになりました。
  (1) 納豆が 食べられませんでした。　(2) 上手に 絵が かけませんでした。
  (3) 早く 話せませんでした。　(4) 漢字が 書けませんでした。
  (5) 折り紙で 鶴が 折れませんでした。　(6) 英語で スピーチできませんでした。
  (7) インターネットが できませんでした。　(8) 24時間 お金が おろせません。

2 例；A:日本語会話は、どうですか。
  　 B:だいぶ　話せるように　なりました。
  (1) A:日本語の新聞を 読むのは まだ 難しいですか。
  　 B:ええ、でも かなり ＿＿＿＿＿＿ なりました。
  (2) A:牛乳、嫌いだった？
  　 B:最近 ＿＿＿＿＿＿ なったのよ。
  (3) A:足のけがは もう いいんですか。
  　 B:ええ、少し ＿＿＿＿＿＿ なりました。
  (4) A:子どものとき、好き嫌いが 多かったんですか。
  　 B:ええ、でも 今は 何でも ＿＿＿＿＿＿ なりました。
  (5) A:近くのスーパーは 24時間営業になりましたか。
  　 B:ええ、いつでも ＿＿＿＿＿＿ なりました。
  (6) A:コンサートのチケットを 予約したいのですが、どうすればいいですか。
  　 B:インターネットで ＿＿＿＿＿＿ なりましたよ。

(7) A: 料理の学校は どうですか。
B: ええ、最初は 何も 作れませんでしたが、
簡単な料理なら ＿＿＿＿＿ なりました。

> 例；話せます。 歩けます。 食べられます。 買物できます。
> 飲めます。 読めます。 予約できます。 作れます。

3 例；英語を 勉強しませんでした。(最近)
　→ 最近 英語を 勉強するようになりました。
(1) ゴルフを しませんでした。(去年から)
(2) 野菜を 食べませんでした。(最近)
(3) 運動を しませんでした。(3日前から)
(4) お酒を 飲んだことが ありませんでした。(会社に 入ってから)

対話

1
　A：ワンさん、日本の生活にずいぶん慣れましたね。
　B：ええ、日本へ来たときは、納豆や梅干しが、食べられませんでしたが、今は、ほとんど何でも食べられるようになりました。

― 入れ替えよう ―
少ししか話せません ― 何でも日本語で言える

2
　A：ひさしぶり。
　B：なんだか雰囲気が、変わったね。
　A：ふふふ。あまりお酒も飲まないようになったし、タバコも吸わないように努力しているの。
　B：効果バツグンだね。
　A：お肌も きれいになったし、あなたもいっしょに頑張らない？
　B：ちょっ…ちょっと…。

― 入れ替えよう ―
毎日ウォーキングする ―
野菜を多く食べる ― つるつる

第4課

会話

1
A：スタットさんは？
B：風邪で休みです。
A：そうですか。
あまり無理しないように言ってくださいね。
B：はい。

2
A：赤ちゃん、やっと寝たようですね。
B：ええ、なかなか寝なくて、困ります。
A：大変ですね。
B：すぐ、起きなければいいんですが。
A：起こさないように、静かにしていましょう。
B：ええ。

3
A：日本語の勉強は、どう？
B：難しいけれど、新聞も読めるようになったし、
日本語で冗談も言えるようになったよ。
A：すごいなあ。
B：うん。これからは、日本のことわざがわかるようになりたいな。
A：へえ、ずいぶん熱心だね。
B：わかるようになったら、勉強も楽しくなったよ。

　　日本では、中華料理屋などに行くと、餃子セット（定食）というメニューがあります。餃子セットには、焼き餃子のほか、ラーメンやご飯またはチャーハン（焼き飯）などが付いています。こういったセットメニューは、日本人にとってはごく当たり前なのですが、中国の人からすれば不思議なようです。「所変われば品変わる」ですからね。ちなみに日本で餃子と言えば、ふつうは焼き餃子のことです。

　　在日本，进入中国餐厅的话，经常可以看到煎饺套餐。该套餐除了煎饺外，还提供拉面、米饭或炒饭等。这样的套餐，对日本人而言是极为常见的，但在中国人看来似乎有些不可思议。这就是所谓的"橘生淮北则为枳"吧。顺便提一句，日语中的饺子，一般是指煎饺。

第5課 > 快去！
早く 行け！

早く 行け！（快去！）
あの部屋に 入るな！（不许进入那个房间！）
このマークは たばこを 吸うな という意味です。
（这个标志是不许抽烟的意思。）
もう 遅いから 早く 寝なさい。（已经很晚了，快点睡觉。）

命令表現 と 禁止表現

《基本文》
1 早く 行け！（快去！）
2 あの部屋に 入るな！（不许进入那个房间！）

練習

1　例；書きます　→　書け　→　書くな

(1) 買います　　(2) 歩きます　　(3) 貸します　　(4) 待ちます
(5) 呼びます　　(6) 飲みます　　(7) 帰ります　　(8) 食べます
(9) 出ます　　(10) 寝ます　　(11) します　　(12) 来ます

2　例1；早く 行け！
　　例2；池で 泳ぐな！

例1：早く　　(1) 椅子に　　(2) 椅子から　　(3) 金を

例2；池で　　(4) 魚を　　(5) 写真を　　(6) タバコを

3　例1；もう 寝てください。　　→　もう 寝ろ。
　　例2；遅刻しないでください。　→　遅刻するな。

(1) 早く 起きてください。　　　(2) ここから 出てください。
(3) あした 学校へ 来てください。(4) 教室で 騒がないでください。
(5) 廊下を 走らないでください。(6) その部屋に 入らないでください。

対話

A：もしもし、田中？　もう、10時だよ。
B：え？　あっ、寝坊した。
A：早くこいよ。宿題のレポート、忘れるなよ。先に行くぞ。
B：ちょっと待ってくれよ。

入れ替えよう

早く起きろよ　－
あと30分、そこにいてくれよ

活用の作り方　動詞

Ⅰグループ

ます形	作り方	命令形	ます形	作り方	禁止形
買います	い→え	買え	買います	い→う	買うな
書きます	き→け	書け	書きます	き→く	書くな
泳ぎます	ぎ→げ	泳げ	泳ぎます	ぎ→ぐ	泳ぐな
話します	し→せ	話せ	話します	し→す	話すな
待ちます	ち→て	待て	待ちます	ち→つ	待つな
死にます	に→ね	死ね	死にます	に→ぬ	死ぬな
遊びます	び→べ	遊べ	遊びます	び→ぶ	遊ぶな
読みます	み→め	読め	読みます	み→む	読むな
帰ります	り→れ	帰れ	帰ります	り→る	帰るな

Ⅱグループ

ます形	作り方	命令形	禁止形
います 寝ます 食べます	ます→（命令形）ろ 　　　　（禁止形）るな	い｜ろ 寝｜ろ 食べ｜ろ	い｜るな 寝｜るな 食べ｜るな

Ⅲグループ

ます形	作り方	命令形	禁止形
します 来ます	します→（命令形）しろ　（禁止形）するな きます→（命令形）こい　（禁止形）くるな	しろ 来い	するな 来るな

～という意味です。

《基本文》
このマークは、たばこを 吸うな という意味です。
（这个标志是不许抽烟的意思。）

練習

1 例；このマークは、たばこを 吸うなという意味です。

例； 　　(1) 　　(2) 　　(3)

2 例；禁煙（たばこを 吸っては いけません）
　　→これは 「きんえん」と読みます。たばこを 吸うなという意味です。
　(1) 進入禁止（入っては いけません）
　(2) 土足厳禁（靴を はいたまま 入っては いけません）
　(3) 火気厳禁（火を 使っては いけません）
　(4) 飲食禁止（ここで 食べたり 飲んだりしては いけません）

3 例；出入口（ここから 出たり 入ったり します）。
　　→これは 「でいりぐち」と読みます。
　　　ここから 出たり 入ったりするという意味です。
　(1) 非常口（緊急の時に 使う出口です）
　(2) 優先席（お年寄りや 体の不自由な人が 座る席です）
　(3) 入場無料（お金を 払わなくても 入ることが できます）
　(4) 使用不可（使うことが できません）

対話

1　A：すみません。これは何と書いてあるんですか。
　　B：「頭上注意」と書いてあります。
　　A：どういう意味ですか。
　　B：「頭の上に注意してください」という意味です。

　　―― 入れ替えよう ――
　　社員専用　－　社員以外は使うことができません
　　故障　－　今こわれていますから、使うことができません

2　A：これ、何て読むの？
　　B：「短気」と読むんだよ。
　　A：どういうこと？
　　B：「すぐ怒る人のこと」だよ。
　　　　まあ、君のことだな。

　　―― 入れ替えよう ――
　　優柔不断　－　何でも　すぐに　決められないこと

やってみよう！

いろいろなマーク
このマークはどういう意味ですか。書いてください。

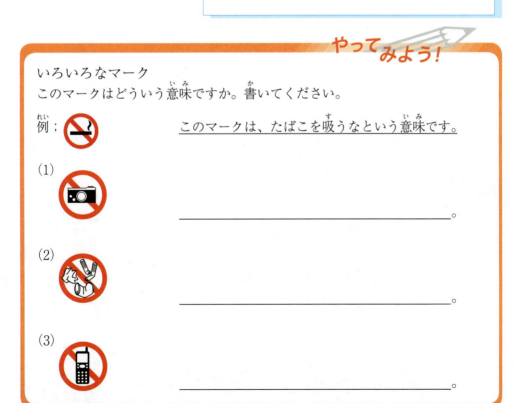

例：　このマークは、たばこを吸うなという意味です。

(1) ＿＿＿＿＿＿＿＿＿＿＿＿＿＿＿＿＿＿＿＿＿。

(2) ＿＿＿＿＿＿＿＿＿＿＿＿＿＿＿＿＿＿＿＿＿。

(3) ＿＿＿＿＿＿＿＿＿＿＿＿＿＿＿＿＿＿＿＿＿。

第5課

～なさい。

《基本文》
もう 遅いから 早く 寝なさい。
（已经很晚了，快点睡觉。）

練習

1　例；書きます　→　書きなさい

(1) 買います　(2) 歩きます　(3) 貸します　(4) 待ちます
(5) 呼びます　(6) 飲みます　(7) 帰ります　(8) 食べます
(9) 出ます　(10) 寝ます　(11) します　(12) 来ます

2　例；テーブルの上が　片付きません・早く　食べてください
　　→テーブルの上が　片付かないから、早く　食べなさい。

(1) あした　起きられません・早く　寝てください
(2) 誰にも　言いません・話してください
(3) もう　遅いです・帰ってください
(4) 心配しています・連絡してください
(5) 約束です・見せてください
(6) 順番です・静かに　待っていてください
(7) 仕事が　できません・机の上を　片付けてください
(8) 授業で　使います・来週までに　この教科書を　買ってください
(9) 栄養バランスが　よくなります・野菜も　たくさん　食べてください

対話

A：子どもの時、母がよく言っていました。
B：何と言っていましたか。
A：朝ごはんは毎日きちんと食べなさいとね。
B：だから健康なんですね。

入れ替えよう
先生　-　テストが終わったら見直しなさい　-　合格したんですね
父　-　本を読みなさい　-　いろんなことを知っているんですね

きびしいコーチ・やさしい祖母

（　）の言葉を正しい形で書きなさい。

1. 僕の学校のサッカーのコーチはきびしい。コーチはいつも「校庭を10回（走ります→　　　　）」と大きい声で言うので、みんな走らなければならない。少し休んでいると、コーチはとてもこわい声で、「（休みます→　　　　）」と言うからぜんぜん休めない。「選手になりたかったら、もっと（練習します→　　　　）」と言って、毎日夜おそくまで練習するので、勉強する時間がない。今度の試合が終わったらやめようと思う。

2. わたしの祖母はわたしに毎日同じことを言う。「起きなさい」「もっと野菜を（食べます→　　　　）」「車に（気をつけます→　　　　）」「早くうちに（帰ります→　　　　）」…　でも、この前、テストの点が悪かった時、しからないで、「残念だったね。次のテストは（がんばります→　　　　）」と言ってくれたので、わたしは「次のテストはがんばろうかな」と思った。

第5課

豆知識　小知识

　日本の主要な都市では、タバコによるさまざまな被害をなくすため、条例によって路上で喫煙することを規制しています。罰金を科している自治体もたくさんあります。
　現在は、たとえ携帯灰皿を持っていたとしても、禁止区域で喫煙すれば、罰則を科すという所が増えています。また、公共の場所では、受動喫煙による健康被害を防ぐため、徹底した分煙化が実施されています。

　在日本的各大主要城市，为了杜绝吸烟引起的各种危害，都有法规禁止路边吸烟行为。甚至还有很多自治团体对该行为实施罚款处理。
　现在，越来越多的地方规定：即使随身携带便携式烟灰缸，但只要在禁烟区域内吸烟就会被处罚。另外，在公共场所，为了预防被动吸烟对健康产生的危害，还彻底采取了分区吸烟的措施。

会話

スタット：ワンさんは野球を見たことがある？
ワ　　ン：テレビで見たことはありますが、球場で見るのは初めてです。
スタット：球場とテレビは全然違うよ。
ワ　　ン：ええ、すごいですね。みんな、歌を歌ったり、何か叫んでいますね。
スタット：応援しているんだよ。歌は、選手を応援する歌で、ひとりひとり違うんだよ。

「かっ飛ばせー！」

ワ　　ン：「かっ飛ばせ」？　どういう意味ですか。
スタット：強く、大きく打て！　ホームランを打て！　という意味だよ。ほら、ワンさんも一緒に！
ワ　　ン：はい。かっ飛ばせー！

スタット：おおっ！　大きい！　入ってくれ！
ワ　　ン：やったー！　入った！　ホームランだ！

スタット：おもしろいね。
ワ　　ン：ええ。でも、野球を見るより応援するほうが忙しいですね。
スタット：球場で見ると、応援が楽しいんだよ。
ワ　　ン：そうですね。じゃあ、一生懸命応援しよう。

第6課 　我去一下学校（就回来）。
学校へ　行ってきます。

学校へ　行ってきます。（我去一下学校（就回来）。）
友だちの家へ　行く途中で、　プレゼントの花を　買っていきました。
（在去朋友家的路上，买了鲜花当礼物。）

～てきます。

《基本文》
1 学校へ　行ってきます。（我去一下学校（就回来）。）
2 あした　ここへ　来るとき、ノートを　買ってきてください。
　　　　（明天来这里的时候，请买本笔记本来。）
3 日本へ来る前に、自分の国で　日本語の　勉強を　してきました。
　　　　（来日本之前，在自己的国家学习了日语（再来的）。）
4 帰りの新幹線で　弁当を　食べてきました。
　　　　（在回程的新干线上吃了盒饭来的。）
5 雨が　降ってきました。（雨下起来了。／下雨了。）
6 ずっと　この会社で　働いてきました。（一直在这个公司工作到现在。）

練習

1 例；学校へ　（行きます・きます）。　→　学校へ　行ってきます。
(1) 友だちのうちへ　遊びに　（行きます・きました）。
(2) 図書館で　本を　（借ります・きました）。
(3) ちょっと　コンビニに　（行きます・きます）。
(4) 夕方　スーパーで　豆腐を　（買います・きました）。
(5) すみません、ちょっと　トイレに　（行きます・きます）。
(6) すみません、手紙を　（出します・きてください）。

2 例；あした　ここへ　来るとき、ノートを　（買います・きてください）。
　　　→　あした　ここへ　来るとき、ノートを　買ってきてください。
(1) 途中で　本屋に　（寄ります・きました）。
(2) 病院へ　来る途中で、花を　（買います・きます）。
(3) 来るとき、郵便局で　切手を　（買います・きてください）。

3 例；友だちに　借りた本を　うちから　（持ちます・きました）。
　　　→　友だちに　借りた本を　うちから　持ってきました。
(1) 留学する前に、ひらがなとカタカナを　（覚えます・きました）。
(2) 今日　テストがあるので、うちで　（復習します・きました）。
(3) 学校へ　来る前に、うちで　朝ごはんを　（食べます・きました）。

4 例；電車の中で 本を （読む・きました）。
→ 電車の中で 本を 読んできました。
(1) 出張の帰り、飛行機で （寝る・きました）。
(2) ここへ 来るとき、車で CDを （聞く・きました）。
(3) 学校から 帰るとき、歩きながら ジュースを （飲む・きました）。

5 例；急に おなかが （痛くなる・きた）。
→ 急に おなかが 痛くなってきた。
(1) 夕方から 雨が （降る・きました）。
(2) 窓を 開けたら さわやかな風が （吹く・きたよ）。
(3) 空が 曇って、天気が （悪くなる・きた）。
(4) 昨日 徹夜したので、昼ご飯を 食べたら （眠くなる・きた）。

6 例；今まで ずっと 日本で （暮らす・きました）。
→ 今まで ずっと 日本で 暮らしてきました。
(1) 学校を 卒業してから この会社で （働く・きました）。
(2) 一人で この研究を （続ける・きて）、やっと 成果が 出ました。
(3) 結婚してから 家事に （専念する・きた）。
(4) 20歳のときから ずっと 日本語を （勉強する・きました）。
(5) 30年間、日本で タイ料理を （作る・きました）。
(6) 二人は 長い間 （つきあう・きました）。

第6課

7 例； 道が わかりにくいので、タクシーに <u>乗ってきて</u> ください。

(1) A: 誰か 宅配便を ＿＿＿＿＿ くれませんか。
B: はい、いいですよ。

(2) A: コンビニに 行ってきます。
B: あっ、じゃあ、わたしの おにぎりも ＿＿＿＿＿ くれる？

(3) A: すみません、明日 妹を ＿＿＿＿＿ もいいですか。
B: ああ、見学したいと言ってましたね。いいですよ。

(4) A: あした CDを ＿＿＿＿＿ あげるね。
B: ありがとう。ダビングして、すぐに 返すからね。

(5) A: 前の会社では 何を やっていたんですか。
B: 編集の仕事を ＿＿＿＿＿ 。

(6) A: 大丈夫ですか。
B: ええ、少し 頭が ＿＿＿＿＿ んです。風邪かなあ。
A: 早く 帰ったほうが いいですよ。

(7) A: ずいぶん 日本語が 上手ですね。
B: 日本へ 来る前に 中級まで ＿＿＿＿＿ んです。

例：乗ります　　勉強します　　買います　　しました
出します　　痛くなります　　連れます　　持ちます

対話

A：ちょっとすみません。電話をかけてきてもいいですか。
B：いいですよ。
A：じゃ、待っていてください。すぐ戻ってきます。
B：はい。

― 入れ替えよう ―

たばこを買ってきます ― すぐ帰ってきます
銀行へ行ってきます ― 10分後に 戻ります

〜ていきます。

《基本文》
1 友だちの家へ 行く途中で、プレゼントの花を 買っていきました。
　　（在去朋友家的路上，买了鲜花当礼物。）
2 寒いので、コートを 着ていきます。（因为很冷，所以穿着大衣去。）
3 結婚しても 仕事は 続けていくつもりです。
　　（打算即使结了婚，也要继续工作。）

練習

1 例；韓国へ 行く前に、ハングルを 勉強します。それから、いきます。
　　→ 韓国へ 行く前に、ハングルを 勉強していきます。
(1) 学校へ 行く途中で、手紙を 出します。それから、いきます。
(2) 会社へ 行くとき、いつも 喫茶店で 朝ご飯を 食べます。

　　それから、いきます。
(3) お見舞いに 行くとき、花を 買います。それから、いきましょう。
(4) あした 工場見学に 行く前に、バスの中で 予習をします。

　　それから、いきませんか。
(5) 宇宙飛行士は 特別な 訓練を します。それから、いきます。

2 例；いつも 学校まで （歩きます・いきます）。
　　→ いつも 学校まで 歩いていきます。
(1) 時間が ないので、タクシーに （乗ります・いきます）。
(2) 遠足のとき、自分で作ったお弁当を （持ちます・いこう）。
(3) 先週の日曜日、弟を プールへ （連れます・いってあげました）。
(4) お金が なかったので （歩きます・いきました）。
(5) 授業に 間に合わないので、（急ぎます・いきます）。

3 例；学校を 卒業しても、日本語の 勉強を （続けます・いくつもりです）。
　　→ 学校を 卒業しても、日本語の勉強を 続けていくつもりです。
(1) 国民が 反対しても、政府は 原子力を （利用します・いくつもりです）。
(2) 結婚しても 仕事は （続けます・いきたいです）。
(3) 今まで 歌手でしたが、これからは 女優の仕事も
　　（頑張ります・いこうと思います）。

4 例；時間が ないので、タクシーに　__乗っていって__　ください。

(1) A: そろそろ 失礼します。
　　B: あら、晩ご飯を _____ ください。

(2) A: あっ、学校へ 行く時間だ。
　　B: ちょっと 待って。この手紙を ポストに _____ くださいね。

(3) A: 時間なので、もう 行きますね。
　　B: すみません、これ、郵便局で _____ ください。

(4) A: あした 何か _____ ましょうか。
　　B: そうですね。お見舞いなので お花か果物でしょうか。

(5) A: すみません。ちょっと 本屋へ _____ たいんですが。
　　B: いいですよ。わたしも 見たい雑誌が ありますから。

(6) A: 結婚したら、専業主婦になるんですか。
　　B: いいえ、結婚しても、仕事を _____ つもりです。

(7) A: 勤続20年、おめでとうございます。
　　B: ありがとうございます。
　　　 これからも 会社のために _____ と思います。

```
例：乗ります    食べます    続けます    入れます
　　頑張ります  出します    寄ります    買います
```

対話

A：ごはんを食べに行きませんか。
B：もう少しで終わるから、これだけやっていきますよ。
A：じゃ、わたしは銀行に寄っていこうかな。
B：そう。では、あとで定食屋で会いましょう。

---入れ替えよう---
そば ― ちょっと、ここを片付けていきますよ
― 郵便局に寄っていこう ― そば屋

鈴木先生の話

次の文を読んで（　）の中の正しいものに○をしましょう。

　鈴木先生は、大学を卒業してから10年間、この学校で日本語を教えて（いきました・きました）。しかし、来月からアメリカの大学へ日本語を教えに行くことが決まって、しばらくこの学校とお別れです。
　先週、先生とのお別れ会がありました。そのとき、先生は次のような話をしました。
　「初めてこの学校で日本語を教えたとき、自分がどきどきして、学生の気持ちを考えることはできませんでした。でも、だんだん学生の気持ちがわかるようになって（いって・きて）、自分の考え方も変わって（いった・きた）と思います。みなさんに自分の世界を広げてもらったようです。本当に感謝しています。日本語を教える仕事は、とてもおもしろい仕事なので、これからもずっと続けて（いく・くる）つもりです」
　先生は、今、アメリカに持って（いく・くる）本を選んだり、日本を紹介する資料を図書館で集めて（いったり・きたり）、いろいろな準備をしています。
　先生がアメリカから戻って（いったら・きたら）、また先生に会いたいです。

第6課

会話

1

A:あーあ、またズボン、買ってこなきゃ。
B:え、どうして？　先月、新しいの買ったばかりでしょ。
A:最近、太って、ウエストがきつくなってきたんだよ。
B:ズボンを買うんじゃなくて、スポーツジムに行ってくれば？

2

道子:ずいぶん日本語がわかるようになってきましたね。
ワン:ありがとうございます。
　　　これから、進学のことも考えていこうと思います。
道子:えらいですね。将来、何になりたいですか。
ワン:まだ、決めていないので、
　　　そのことも一緒に考えていくつもりです。

第 7 課 　请穿穿看这条裤子。

このズボンを　はいてみてください。

> このズボンを　はいてみてください。（请穿穿看这条裤子。）
> 電車の中に　傘を　忘れてしまいました。（把伞忘在电车上了。）
> 友だちが　来るので、ケーキを　買っておきました。
> （因为朋友要来，所以提前买了蛋糕。）

～てみます。

《基本文》
1 今 話題の店に 行ってみました。((试着)去了现在大家都在谈论的商店。)
2 このズボンを はいてみてください。(请穿穿看这条裤子。)
3 めずらしい料理を 食べてみたいな。(好想吃吃看稀奇少见的菜啊。)
4 今度 一緒に 行ってみようよ。(下次一起去看看吧。)
5 もう一度、話し合ってみたら どうですか。(再商量一次看看怎么样?)

練習

1 例；駅前に 新しいお店が できたので (行きます・みる)。
　　→ 駅前に 新しいお店が できたので 行ってみます。

(1) パソコンを 買う前に よく (調べます・みる)。
(2) 電車を やめて 自転車通学に (します・みる)。
(3) 新発売のジュースを (飲みます・みる)。
(4) あした 友だちに (相談します・みる)。

2 例；ぜひ この店の日本料理を (食べます・みる) てください。
　　→ ぜひ この店の日本料理を 食べてみてください。

(1) こちらのドレスを (着ます・みる) てください。
(2) 電話番号が わからない時、104番に (電話します・みる) てください。
(3) このペンは とても 使いやすいですよ。(使います・みる) てください。
(4) 実力を 知るために、来年 日本語の試験を (受けます・みる) てください。

3 例：日本の めずらしい料理を (食べます・みる) たいな。
　　→ 日本の めずらしい料理を 食べてみたいな。

(1) 今度 中国の小説の「三国志」を (読みます・みる) たいな。
(2) 富士山を (見ます・みる) たいです。
(3) 今度 君の彼女に (会います・みる) たいです。
(4) お金を ためて 海外へ (行きます・みる) たい。

4 例：来週　初めて　日本の居酒屋へ　(行く・みる)　ようと思います。
　　→　来週　初めて　日本の居酒屋へ　行ってみようと思います。
(1) 本を　見ながら　(作る・みる)　よう。
(2) 勇気を　出して　彼女に　(告白する・みる)　よう。
(3) 今晩は　フランス料理に　(挑戦する・みる)　ようと思います。
(4) 行きたい大学を　(見学する・みる)　ようと思っています。

5 例：一人で　考えていないで、友だちに　(相談する・みる)　たら　どうですか。
　　→　一人で　考えていないで、友だちに　相談してみたら　どうですか。
(1) そんなに　悩まないで、(やる・みる)　たら　どうですか。
(2) 彼に　あなたの　気持ちを　(話す・みる)　たら　どうですか。
(3) わからないところは　先生に　(聞く・みる)　たら　どうですか。
(4) 無理を　しないで、友だちに　(頼む・みる)　たら　どうですか。

6 例：会社を　休んで　一週間ぐらい　＿旅行してみ＿たいなあ。
(1) A: 高級車が　欲しいなあ。宝くじ、＿＿＿＿＿＿　ようかな。
　　B: そんなの　当たらないよ。
(2) A: 何の本を　読んでいるんですか。
　　B: これですか。今　話題の本ですよ。＿＿＿＿＿＿　ますか。
(3) A: 夏休み、オーストラリアへ　行くんだ。
　　B: いいなあ。ぼくも　コアラを　＿＿＿＿＿＿　たいな。
(4) A: 彼は　とても　素敵な人よ。＿＿＿＿＿＿　たら　どうですか。
　　B: ええ、じゃあ　今度　紹介してください。
(5) A: これが　新しい商品ですか。
　　B: ええ、ぜひ　＿＿＿＿＿＿　てください。
(6) A: 日本語能力試験を　知っていますか。
　　B: ええ、知っています。今度　＿＿＿＿＿＿　ようと思います。

| 例：旅行する | 見ます | 買います | 会います |
| 使います | 読みます | 受けます | |

～てしまいます。／～てしまいました。

《基本文》
1 この本は もう 読んでしまいました。(这本书已经读完了。)
2 電車の中に 傘を 忘れてしまいました。(把伞忘在电车上了。)

練習

1 例；もう 食べました。 → もう 食べてしまいました。

(1) もう 買いました。　　(2) もう 契約しました。
(3) もう やめました。　　(4) もう 捨てました。

2 例；この本は もう（読んだ）から、図書館へ 返しに 行きます。
　→ この本は もう 読んでしまったから、
　　　　　　　図書館へ 返しに 行きます。

(1) このビデオは もう（見た）から、貸してあげますよ。
(2) リーさんは もう（帰った）から、電話で 話します。

3 例；今朝 僕は 電車に 傘を （忘れました）。
　→ 今朝 僕は 電車に 傘を 忘れてしまいました。

(1) ゆうべ 友だちに 秘密を （話しました）。
(2) この前 デジタルカメラを 水の中に （落としました）。
(3) せっかく もらった大学の資料を 間違って （捨てました）。

4 例；A: どうしましたか？
　　　B: 電車に かばんを （忘れたんです）。
　→電車に かばんを 忘れてしまったんです。

(1) A: どうして お札が 干してあるんですか。
　　B: 洗濯物と 一緒に （洗ったんです）。
(2) A: 元気が ないですね。
　　B: 実は、大切な彼の写真を （なくしたんです）。
(3) A: 顔色が 悪いですが、大丈夫ですか。
　　B: コートを 持っていなかったので、(風邪を 引いたんです)。

5 例；A: どうしたんですか？
　　　B: 電車に かばんを 　忘れてしまっ　 たんです。

(1) A: どうしたんですか。
　　B: うちに 電子辞書を ＿＿＿＿＿＿ たんです。

(2) A: 元気が ないですね。
　　B: ええ、昨日 山登りに 行って、＿＿＿＿＿＿ ました。

(3) A: 顔色が 悪いですよ。
　　B: ええ、雨の中を 歩いて、風邪を ＿＿＿＿＿＿ たんです。

(4) A: どうしたんですか。
　　B: 昨日 デートの途中 彼女が 怒って ＿＿＿＿＿＿ たんです。

(5) A: その本、おもしろかったですか。
　　B: ええ、わたしは もう ＿＿＿＿＿＿ から、貸しましょうか。

(6) A: 一緒に 帰りませんか。
　　B: もう少しで この書類を ＿＿＿＿＿＿ ますから、待ってください。

例：忘れます　　ひきます　　疲れます　　帰ります　　置いてきます
　　書きます　　読みます

対話

A：会社を辞めてしまったんだ。
B：え、どうして？
A：僕に合わないと思ったんだ。
B：じゃ、これからどうするの？
A：新しい仕事を探してみるつもりなんだ。

―― 入れ替えよう ――
大学を中退して ― 一年間留学してみる
離婚して ― しばらくひとりでのんびりしてみる

～ておきます。

《基本文》
1 友だちが 来るので、ケーキを 買っておきました。
（因为朋友要来，所以提前买了蛋糕。）
2 このビールを 冷蔵庫で 冷やしておいてください。
（请把这啤酒先放冰箱里冰一下。）
3 留学する前に 英語を 勉強しておくつもりです。
（打算在留学之前学英语。）
4 電話番号を 書いておかないと、忘れてしまいます。
（不把电话号码写下来的话，会忘记的。）

練習

1 あした 友だちが 来ます。どんな 準備を しますか。
  例；ケーキを 買う。 → ケーキを 買っておきます。
  (1) 部屋を 掃除する。　　　　　　(2) 花を 飾る。
  (3) テーブルの上を 片付ける。　　(4) ピザを 注文する。
  (5) 飲み物を 冷やす。　　　　　　(6) 食器を 準備する。

2 午後に 会議があります。その前に どんな 準備を しましたか。
  例；お茶菓子を 買った。 → お茶菓子を 買っておきました。
  (1) 会議室の窓を 開けた。　　　　(2) 椅子を 人数分 用意した。
  (3) 机の上を ふいた。　　　　　　(4) 灰皿を 洗った。
  (5) 会議の資料を 準備した。　　　(6) コーヒーを いれた。

3 例；ジュースを （買う）ください。 → ジュースを 買っておいてください。
  (1) 見ない時は テレビを （消す）ください。
  (2) 机の上に 地図を （置く）ください。
  (3) あしたまでに 会議の資料を （準備する）ください。
  (4) すみません、先に 帰りたいので、会議室を （片付ける）ください。

4 来年 留学します。 その前に 何を しますか。
  例；簡単な言葉を （覚える）つもりです。
  → 簡単な言葉を 覚えておくつもりです。
  (1) 日常会話を 少し （練習する）つもりです。
  (2) パスポートを （更新する）つもりです。
  (3) その国の習慣や 気候を （調べる）つもりです。
  (4) 出発まで 健康管理には （気を付ける）つもりです。

5 例；若い時に たくさん（勉強しない）と、将来 苦労しますよ。
  → 若い時に たくさん 勉強しておかないと、将来 苦労しますよ。
  (1) ちゃんと（準備しない）と、旅行へ 行った時、困りますよ。
  (2) 牛乳は 冷蔵庫に （入れない）と、腐ってしまうよ。
  (3) わたしは メモを（とらない）と、すぐに 忘れてしまうんです。
  (4) いつも 同じ所に （置かない）と、わからなくなります。

6 例：A: この本、ここに __置いておく__ から、あとで 読んでみたら？
     B: うん、ありがとう。
  (1) A: このビール、冷蔵庫で _____ ね。
      B: 冷凍室に 入れたら？ 早く 冷えるよ。
  (2) A: 今 忙しいですか。
      B: ええ、あしたまでに 会議の資料を _____ なくてはなりません。
  (3) A: 山田先生に 会いたいんですが。
      B: では、電話して、先生の都合を _____ ます。
  (4) 来年から フランスに 留学しようと 思っているので、今から 少しずつ
      フランス語を _____ つもりなんです。
  (5) 道子さんが わかるように、メモを _____ ました。
  (6) A: 帰るとき、窓を _____ てください。
      B: はい、わかりました。

例：置きます　勉強します　冷やします　閉めます
　　準備します　書きます　聞きます

会話

1
A：お父さん、最近仕事が忙しいね。
B：ああ。でも、もう忙しい仕事は終わってしまったから、休みをお願いしてみるつもりだよ。
A：わあ、うれしい。家族旅行ができるね。
B：そうだね。どこがいいかな。調べておいてくれよ。

2
キム：今朝、駅でビルくんに会ったわよ。
ワン：あれ？ ビルくんはこの夏休み、国へ帰ったんですよね。
キム：ええ。おととい戻ってきたと言っていたわよ。
ワン：そうですか。知りませんでした。
キム：今日、電話してみたら？
ワン：そうですね、電話してみます。

3
A：今度、初めて海外旅行します。
B：へえ、いいですね。
A：今から、観光地の情報を調べておかないと…。
B：天気や気温も調べておいたほうがいいですよ。

　イントネーションとは、言葉を話す時に現れる声の高低のことです。話し手の感情や伝えたい内容などによって、言葉が上昇調になったり、下降調になったりし、言葉の意味も変わってくるので、注意が必要です。例えば、「今日は日曜日じゃない」という文は、大きく分けて3つの意味を表します。皆さんのほうで、どんな意味になるか考えてみてください。

　语调是指说话时声音的高低变化。根据说话者的感情和想表达的内容，语句会出现升调或降调，而语言的意思也会相应地发生变化，因此需要注意。例如，「今日は日曜日じゃない」这句话，可以出现3种意思。请大家思考一下，这些意思分别是什么呢？

第 8 課　要是你去的话，我也去。

あなたが　行くなら、わたしも　行きます。

一生懸命　勉強すれば、きっと　合格するでしょう。
（拼命学习的话，一定会考过的。）
春になれば、花が　咲きます。（一到春天，花就会开。）
暗ければ　暗いほど、星が　よく　見えます。（越暗，星星看得越清楚。）
あなたが　行くなら、わたしも　行きます。（要是你去的话，我也去。）

～ば、…。（1）

《基本文》
1 一生懸命 勉強すれば、きっと 合格するでしょう。
　　（拼命学习的话，一定会考过的。）
2 この問題は 先生に 聞かなければ、わかりません。
　　（这个问题不问老师的话弄不明白。）
3 天気が よければ、釣りに 行きます。（天气好的话去钓鱼。）
4 天気が よくなければ、家で テレビを 見ます。
　　（天气不好的话在家看电视。）

練習

1　例1；一生懸命 勉強する。きっと 合格するでしょう。
　　→ 一生懸命 勉強すれば、きっと 合格するでしょう。
　例2；一生懸命 勉強しない。合格できませんよ。
　　→ 一生懸命 勉強しなければ、合格できませんよ。

(1) ゆっくり 話す。わかります。
(2) 毎日 練習する。上手になるよ。
(3) この花を あげる。彼女は きっと 喜ぶでしょう。
(4) あした 5時に 起きない。間に合いません。
(5) だれでも 家で 仕事が できる。通勤ラッシュは なくなりますね。
(6) 早く 申し込まない。間に合いませんよ。
(7) 地図を 見ない。道に 迷いますよ。
(8) あなたが うれしい。わたしも うれしい。
(9) 眠い。ここで 寝てもいいですよ。
(10) 今月が 忙しい。旅行は 来月に 変えましょうか。
(11) あまり 遠くない。歩いて 行きます。
(12) もし 欲しくない。買わなくても いいですよ。

2　例；天気が　いい　→　**天気が　よければ**、釣りに　行きたいです。

　　　　　　　　　　→　**天気が　よくなければ**、どこにも　行きません。

(1) 説明する　→　ゆっくり＿＿＿＿＿＿、誰でも　理解できます。

　　　　　　　　ゆっくり＿＿＿＿＿＿、誰も　理解できません。

(2) 聞く　→　部長に＿＿＿＿＿＿、すぐに　わかりますよ。

　　　　　　部長に＿＿＿＿＿＿、わたしは　わかりません。

(3) 都合が　いい　→　今＿＿＿＿＿＿、すぐに　会議を　始めましょう。

　　　　　　　　　　今＿＿＿＿＿＿、あとで　来てください。

(4) 忙しい　→　今日＿＿＿＿＿＿、あしたでも　いいです。

　　　　　　　今日＿＿＿＿＿＿、わたしの仕事を　手伝ってください。

対話

A：駅へ行きたいんですが…。
B：ここから地下道をまっすぐ行けば、駅の前に出ますよ。
A：ありがとうございます。

入れ替えよう

今日中にチケットの予約をしたいんですが
―― このホームページから予約すれば、早いですよ

活用の作り方　動詞・い形容詞

Ⅰグループ

ます形	作り方	条件形
買います	い → え	買えば
書きます	き → け	書けば
急ぎます	ぎ → げ	急げば
消します	し → せ	消せば
待ちます	ち → て	待てば
死にます	に → ね	死ねば
呼びます	び → べ	呼べば
読みます	み → め	読めば
取ります	り → れ	取れば

Ⅱグループ

ます形	条件形
食べます	食べれば
起きます	起きれば

Ⅲグループ

ます形	条件形
します	すれば
来ます	来れば

い形容詞

楽しい	楽しければ
いい	よければ

第8課

～ば、…。(2)

《基本文》
1 春になれば、花が 咲きます。(一到春天，花就会开。)
2 暗ければ 暗いほど、星が よく 見えます。(越暗，星星看得越清楚。)

練習

1 例；春が 来る。花が 咲く。
　　→ 春が 来れば、花が 咲く。

(1) 年を とる。体力が なくなります。
(2) テストで 100点を とる。誰でも うれしい。
(3) 戦争が なくなる。世界が 平和になる。
(4) 100を 5で 割る。20になる。
(5) 値段が 高いです。無理して 買いません。

2 例；暗い → 　暗ければ 暗いほど　、星が よく 見えます。
(1) 思う　　→ 寝ようと ＿＿＿＿＿＿＿、目が 覚めてしまう。
(2) 考える　→ この問題は ＿＿＿＿＿＿＿、わからなくなります。
(3) 笑う　　→ ＿＿＿＿＿＿＿、おなかが 痛くなります。
(4) 過ぎる　→ 時間が ＿＿＿＿＿＿＿、覚えたことを 忘れてしまいます。
(5) 上手になる→ このゲームは ＿＿＿＿＿＿＿、おもしろくなります。
(6) 若い　　→ ＿＿＿＿＿＿＿、体力が あります。
(7) 冷たい　→ ビールは ＿＿＿＿＿＿＿、おいしい。
(8) 勉強する→ ＿＿＿＿＿＿＿、テストで いい点が とれるようになります。
(9) 練習する→ スポーツは ＿＿＿＿＿＿＿、上手になります。

3 例；<u>秋に なれば</u>、紅葉を 見ることが できます。

(1) みんなが もっと ＿＿＿＿＿＿、交通事故が 少なくなるでしょう。
(2) 人一倍 ＿＿＿＿＿＿、きっと 成功します。
(3) ＿＿＿＿＿＿、ストーブが よく 売れます。
(4) この病気は ＿＿＿＿＿＿、一か月後には 完全に 治ります。
(5) だれでも ＿＿＿＿＿＿、涙が 出ます。

> 例：秋に なります　　努力します　　寒いです
> 　　注意します　　　悲しいです　　手術を します

4 例；この化粧品は <u>使えば 使うほど</u>、効果が 出ます。

(1) わたしは ＿＿＿＿＿＿＿、太ります。
(2) このお茶は ＿＿＿＿＿＿＿、体の調子が よくなります。
(3) この本は ＿＿＿＿＿＿＿、おもしろいです。
(4) アパートは 駅に ＿＿＿＿＿＿＿、いいです。

> 例：使います　　飲みます　　近いです　　読みます　　食べます

やってみよう！

アドバイス

友だちが あなたに 相談が あります。教えて あげてください。

例：　リーさん：図書館で 本を 借りたいんですが、どうすれば いいですか。
　　　あなた　：<u>カードを 作ったら、本を 借りられますよ。</u>

(1) ワンさん：国際電話を かけたいんですが、どうすれば いいですか。
　　あなた　：＿＿＿＿＿＿＿＿＿＿＿＿＿＿＿＿＿＿＿＿

(2) ビルさん：いい 電子辞書を 買いたいんですが、どこへ 行けば 買えますか。
　　あなた　：＿＿＿＿＿＿＿＿＿＿＿＿＿＿＿＿＿＿＿＿

(3) キムさん：友だちが 結婚します。何を あげれば いいですか。
　　あなた　：＿＿＿＿＿＿＿＿＿＿＿＿＿＿＿＿＿＿＿＿

第8課

～なら、…。

《基本文》

1 あなたが 行くなら、わたしも 行きます。（要是你去的话，我也去。）
2 ひまなら、映画を 見に行きませんか。（有空的话，我们去看电影好吗？）

練習

1 例1；A：キムさんは 行くと 言っていましたよ。

B：キムさんが（行きます）わたしも 行きます。

→ キムさんが 行くなら、わたしも 行きます。

例2；A：わたしは 行きませんよ。

B：あなたが（行きません）わたしも 行きません。

→ あなたが 行かないなら、わたしも 行きません。

(1) A：わたしは もうすぐ 帰ります。
　　B：あなたが（帰ります）わたしも 帰ります。

(2) A：ここから 新宿駅まで どのくらいかかりますか。
　　B：（歩いて行きます）20分かかります。

(3) A：風邪を ひいたようです。熱が あります。
　　B：風邪を（ひきました）早く 寝たほうが いいですよ。

(4) A：どんな辞書を 買ったら いいでしょうか。
　　B：大学でも（使います）詳しい辞書のほうが いいです。

(5) A：そのテレビ、（見ていません）消しておいてください。
　　B：いいえ、見ているんです。

(6) A：お皿とお箸が 足りないんですが。
　　B：（足りません）すぐ 持ってきます。

(7) A：会議に（出席しません）金曜日までに 知らせてください。
　　B：はい、わかりました。必ず 連絡します。

2 例1：操作が （簡単です）一人で できます。
　　→ 操作が 簡単なら、一人で できます。
　例2：これが （嫌いではありません） どうぞ 持って帰ってください。
　　→ これが 嫌いではないなら、どうぞ 持って帰ってください。

(1) その道が （危険です）通らないほうが いいですよ。
(2) 彼が （親切です）車で 送ってくれるでしょう。
(3) （大事です）片付けておきなさい。
(4) ピアノが （上手ではありません）毎日 練習してください。
(5) わたしが （あなたです）そんなことは しません。
(6) わたしが （鳥です）すぐに 飛んでいくんですが……。
(7) A：あしたの予定が キャンセルに なってしまいました。
　　B：では、（ひまです）一緒に 映画でも 見に行きませんか。
(8) A：このことは 誰にも 言わないでください。
　　B：（秘密です）誰にも 言わないでおきますよ。
(9) A：あしたは いい天気だと テレビで 言っていましたよ。
　　B：（いい天気です）海へ 行きませんか。

対話

1　A：どこへ行くんですか。
　　B：ちょっと銀行まで。
　　A：銀行へ行くなら、このハガキを出してきてください。
　　B：ええ、いいですよ。

入れ替えよう

コンビニ　－　切手を買ってきてください
図書館　　－　この本も返してきてください

2　A：電話代を引き落としにしたいんですが。
　　B：それなら、銀行の窓口へ行ったほうが、早いですよ。

入れ替えよう

コンサートのチケットを買いたい　－　プレイガイドまでの地図をあげますよ
ケーブルテレビに加入したい　　　－　インターネットでできますよ

会話

1
A：映画を見たいんだけど…、一人1800円は、ちょっと高いなあ。
B：それなら、前売券を買えば？
A：前売券…？
B：映画は当日券と前売券があるんだ。前売券は1300円で安いよ。
A：もう映画が始まっていたら、買うことができないの？
B：券が売り切れていたら、買うことができないよ。
　　でも、レディースデーとかレイトショーを利用すれば、いいよ。
A：それは、何？
B：レディースデーは週に一日あって、女性なら1000円なんだよ。
A：レイトショーは？
B：夜9時以降に始まる映画は、夜遅いから、1200円なんだ。
A：へえ、いろいろあるんだね。

2
ビル：日本語の新聞が読めるようになるには、
　　　どのくらい漢字を覚えれば、いいでしょうか。
ワン：山田先生は、1500字くらい覚えれば、
　　　大丈夫だと言っていました。
ビル：ぼくも中国人なら、もっとたくさん漢字がわかるのに。
ワン：そうですね。でも、ビルさんは、わたしより上手に話せます。
　　　毎日どれくらい勉強すれば、そんなに話せるようになりますか。
ビル：日本人の友だちと話せば、もっと上手になりますよ。
　　　道子さんともっとたくさん話せば、きっと上手になりますね。
ワン：そうですね。でも男の友だちも欲しいな。
ビル：田中さんは？
ワン：田中さんは、道子さんのお父さんですよ。
　　　…同じ年ぐらいの友だちがいいな。

第9課　那块蛋糕，看上去很好吃啊。
そのケーキ、おいしそうですね。

そのケーキ、おいしそうですね。（那块蛋糕，看上去很好吃啊。）
健康のために、毎朝 ジョギングを しています。
（为了健康，每天早上慢跑。）
この字は 小さすぎて、読めません。（这个字太小了，看不清。）

～そうです。　様態

《基本文》
1　今にも　雨が　降りそうです。（眼看就要下雨了。）
2　そのケーキ、おいしそうですね。（那块蛋糕，看上去很好吃啊。）
3　田中さんは　毎日　残業ばかりで　大変そうですね。
　　（田中先生每天都加班，看上去很辛苦啊。）
4　わあ、おいしそうなケーキですね。（哇，看上去很好吃的蛋糕啊！）

練習

1　例；雨が　（降ります）。→　雨が　降りそうです。

(1) このシャツは　ボタンが　（とれます）。
(2) あそこの木が　（倒れます）。
(3) あしたは　（寒くなります）。
(4) 今年の夏　寒かったので　野菜の値段が　（上がります）。
(5) 今日は　お客が　少ないので、料理の材料が　（残ります）。
(6) これからも　独身の人が　（増えます）。
(7) 今年は　一週間ぐらい　夏休みが　（とれます）なので、家族旅行に　行こうと思う。
(8) 道が　混んでいるので、あと　30分くらい　（かかります）。
(9) あの家は　お金が　たくさん　（あります）。
(10) あの人は　音楽の才能が　（ない）。

2　例1；この料理は　（おいしいです）。→この料理は　おいしそうです。
　　例2；あの料理は　（おいしくないです）。→あの料理は　おいしくなさそうです。

(1) （忙しい　ですね）、何か　手伝いましょうか。
(2) あしたは　天気が　（いい　です）。
(3) 彼女は　結婚が　決まって、（幸せだ）。
(4) 彼は　気分が　（悪い）から、もう　帰ってもらったほうが　いいです。
(5) あの人は　（忙しくない）から、手伝ってもらいましょう。
(6) 今年の　夏は　あまり　（暑くない）。
(7) このレストランは　ちょっと　（安くない）なあ。

3 例1；この仕事は　（大変です）。　→　この仕事は　大変そうです。
　例2；あの仕事は　（大変じゃないです）。　→　あの仕事は　大変じゃなさそうです。

(1) そのかばんは　大きくて　（丈夫です）ね。
(2) 毎日　なんで　そんなに　（ひま）なの？
(3) この機械は　なかなか　（便利）だね。
(4) キムさんは　旅行に　行けなくなったので　（残念です）。
(5) このレストランは　（静かじゃない）から　場所を　変えよう。
(6) 彼女と　けんかしたのかな。彼は　（元気じゃない）ね。
(7) 携帯電話の　この機能は　あまり　（便利じゃない）よ。

4 例1；（おいしい）ケーキです。　→　おいしそうなケーキです。
　例2；（大変な）仕事です。　→　大変そうな仕事です。

(1) あの人は　（重い）荷物を　持っている。
(2) （高い）店なので　入りませんでした。
(3) 彼は　（難しい）本を　読んでいる。
(4) そんな　（残念な）顔　しないで。チャンスは　まだあるよ。
(5) 彼は　（まじめな）人だけど　かなり　プレイボーイだよ。

5 例；このりんごは　＿＿おいしそう＿＿です。

(1) あの映画は　＿＿＿＿＿＿＿＿だから、一緒に　見に行こうよ。
(2) あの子は　いつも　一人で　＿＿＿＿＿＿＿＿だね。友だちが　いないのかな。
(3) 傘を　持っていったほうが　＿＿＿＿＿＿＿＿だ。
(4) 彼は　試験に　落ちて、＿＿＿＿＿＿＿＿だ。
(5) 毎日　勉強していて、とても　＿＿＿＿＿＿＿＿人ですね。
(6) 雨が　＿＿＿＿＿＿＿＿ですから、傘を　持っていったほうが　いいですよ。

| 例：おいしい | いい | 残念な | おもしろい |
| 寂しい | 降る | まじめな | |

～ために、…。

《基本文》
1 健康のために、 毎朝 ジョギングを しています。
　　　（为了健康，每天早上慢跑。）
2 大学に 入るために、 アルバイトを しています。
　　　（为了进大学，每天打工。）
3 事故のために、 電車が 遅れました。（由于事故，电车晚点了。）
4 電車が 遅れたために、 学校に 遅刻してしまいました。
　　　（由于电车晚点，上学迟到了。）

練習

1 例1；毎朝 ジョギングを しています。(健康)
　　　→健康のために、 毎朝 ジョギングを しています。
　例2；アルバイトを しています。(大学に 入ります)
　　　→大学に 入るために、 アルバイトを しています。

(1) パソコンを 習いたいです。(仕事)
(2) 飛行機が 飛ばなくなりました。(台風)
(3) バスが 遅れてしまいました。(渋滞)
(4) 昼も夜も 働きました。(家を 買います)
(5) 彼は 全財産を 使ってしまいました。(趣味)
(6) 歌とダンスを 習っています。(歌手になります)
(7) 英語を 勉強しています。(アメリカへ 留学します)
(8) 上司と 連絡できませんでした。(携帯電話を 忘れました)
(9) 大きな 仕事のチャンスを 逃してしまいました。(英語が できませんでした)
(10) あなたは 何を していますか。(自然保護)

2 例1； <u>大学合格の</u> ために、 頑張って 勉強します。
　例2； <u>大学に 行く</u> ために、 頑張って 勉強します。

(1) ぼくたちは ＿＿＿＿＿＿＿＿＿＿ために、二人で 貯金しています。
(2) 今朝 ＿＿＿＿＿＿＿＿＿＿ために、バスが 遅れて 遅刻してしまった。
(3) ＿＿＿＿＿＿＿＿＿＿ために、食事に 気をつけたほうが いいですよ。
(4) ＿＿＿＿＿＿＿＿＿＿ために、歩いて 帰ってきた。

(5) _____ために、駅まで 走りました。
(6) _____ために、会社の説明会に 出られませんでした。
(7) _____ために、日曜日は 友だちと テニスを します。
(8) _____ために、風邪を ひいてしまった。

例1：大学合格　　例2：大学に 行きます　　健康　　交通事故　　風邪
9時20分の電車に 乗ります　　雨の中で サッカーを しました
ストレスを 解消します　　自転車が 壊れてしまいました　　結婚します

対話

A：どうしてそんなに 働くの？
B：休みをとって海外旅行するためだよ。

入れ替えよう
指輪を買って彼女にプロポーズする
お金をためて自分の会社を作る

運動不足

次の文を読んで、1～4の中で内容も文法も正しいものに○をしなさい。

　日本に来てから勉強が忙しくて、ぜんぜん運動をしていません。だから4か月で体重が5キロも増えて、体の調子も悪くなってきました。
　今年の春、大学に入りたいので、今も毎日10時間ぐらい勉強していますが、ときどき、頭がいたくて勉強できなくなります。それで、今朝は病院へ行ってきました。
　病院の先生は、「薬を飲めばすぐ頭痛は治りますが、運動不足は体によくないです。もっと運動をしなさい」と言いました。
　家に帰って薬を飲んだら、すぐに頭は痛くなくなりましたが、やっぱり運動不足はよくないと思いました。
　これからは毎日健康のことを考えてジョギングや体操をして、健康な体で、もっと勉強するつもりです。

1. 運動するために、体重が増えた。
2. 大学に入ったために、毎日10時間勉強している。
3. 薬を飲んだために、頭痛が治った。
4. 健康のために、ジョギングや体操をするつもりだ。

第9課

～すぎます。

《基本文》
1 ごはんを 食べすぎました。（饭吃多了。）
2 この問題は 難しすぎます。（这个问题过于难了。）
3 この字は 小さすぎて、読めません。（这个字太小了，看不清。）

練習

1 例1；ごはんを たくさん 食べました。→ ごはんを 食べすぎました。
　例2；このわさびは とても 辛いです。→ このわさびは 辛すぎます。
　例3；彼は とても まじめです。→ 彼は まじめすぎます。

(1) 塩を たくさん 入れました。　(2) お酒を たくさん 飲みました。
(3) おかずを たくさん 買いました。　(4) 家賃が とても 高いです。
(5) この宿題は とても 簡単です。　(6) スピーチが とても 長いです。

2 例；(歩く) 足が 疲れました。→ 歩きすぎて、足が 疲れました。

(1) (食べる) おなかが 痛くなりました。
(2) (カラオケで 歌う) のどが 痛いんです。
(3) (胡椒を 入れる) 辛くて 食べられません。
(4) (毎日 勉強する) 頭が 痛いです。
(5) (試験の問題が 難しい) 全然 できませんでした。
(6) (この部屋は 狭い) 三人で 住めません。
(7) (ごはんの量が 多い) 残してしまいました。
(8) (失恋のショックが 大きい) 何も する気になりません。
(9) (彼は まじめだ) 一緒にいても おもしろくない。
(10) (そんな所は 危険だ) 一人で 行けない。

3 例；このスカートは、ウエストが <u>細すぎて</u> 入りません。

(1) このかばんは _____ 、持ちにくいから、もう少し 小さいのを 貸してください。

(2) このズボンは _____ 、格好が 悪いから、もう少し 短く できますか。

(3) 前回のテストは _____ 、全然 できなかったから、次回は やさしくしてください。

(4) 話し声が _____ 、先生の声が 聞こえないから、静かにしてください。

(5) もう 春です。そのコートは _____ から、着ないほうが いいですよ。

| 例：細い | 長い | 厚い | 大きい | 難しい | うるさい |

対話

A：ケーキ、好きなんですか。
B：ええ。でも甘い物の食べすぎは、体によくないので、
　　気をつけるようにしています。
A：そうですね。食べすぎないようにしたほうが、いいですね。

― 入れ替えよう ―
コンピューターゲーム ― 徹夜のしすぎ ― 徹夜はしすぎない

― 活用の作り方　動詞・形容詞 ―

食べます+すぎます　→	食べすぎます	食べすぎる	食べすぎて
辛い+すぎます　→	辛すぎます	辛すぎる	辛すぎて
ひまな+すぎます　→	ひますぎます	ひますぎる	ひますぎて

第9課

会話

1
A：このワイン、おいしそうですね。
B：ええ、おいしくて、飲みすぎてしまうんです。
A：飲みすぎて、二日酔いになっても困るし…。
B：あしたのためにも、あと一杯だけにしておきましょう。

2
赤ずきんちゃん：おばあさんの耳は、
　　　　　　　　どうしてそんなに大きいの？
おおかみ　　　：おまえの声を、
　　　　　　　　聞くためだよ。
赤ずきんちゃん：おばあさんの目は、
　　　　　　　　どうしてそんなに大きいの？
おおかみ　　　：おまえを、
　　　　　　　　見るためだよ。
赤ずきんちゃん：おばあさんの口は、
　　　　　　　　どうしてそんなに大きいの？
おおかみ　　　：それはね…、
　　　　　　　　おまえを食べるためさ。
赤ずきんちゃん：キャーッ！

第10課 犬に 手を かまれました。

被狗咬了手。

わたしは 先生に ほめられました。（我被老师表扬了。）
わたしは 犬に 手を かまれました。（我被狗咬了手了。）
雨に 降られました。（碰到了下雨天。）

～れます。／られます。 受身(1)

《基本文》
1 わたしは 先生に ほめられました。（我被老师表扬了。）
2 わたしは 部長に 仕事を 頼まれました。
　（我被部长要求做工作了。／部长让我做事。）

練習

1 例；先生が わたしを ほめました。→ わたしは 先生に ほめられました。
　(1) 父が わたしを 起こしました。　　(2) 祖父母が わたしを 愛しました。
　(3) 警察が わたしを 助けました。　　(4) 親が わたしを しかりました。
　(5) 先生が わたしを 呼びました。　　(6) 彼女が ぼくを たたきました。
　(7) 高校生が 犯人を つかまえました。　(8) 彼が キムさんを 招待しました。

2 例；部長が わたしに 仕事を 頼みました。
　　→ わたしは 部長に 仕事を 頼まれました。
　(1) 学生が 先生に 花束を 送りました。
　(2) 母が 弟に 買物を 頼みました。
　(3) 知らない人が わたしに 道を たずねました。
　(4) 彼が 彼女に やきもちを やきました。

3 例；わたしは 子どものとき 母を 亡くしたので、(祖母が わたしを 育てました)。
　　→ わたしは 子どものとき 母を 亡くしたので、
　　　 祖母に 育てられました。
　(1) 友だちは 夜中に 騒いだので、(近所の人が 友だちを 注意しました)。
　(2) 彼は とても まじめで 正直だから、(みんなが 彼を 信頼しています)。
　(3) わたしは 会社に 着いたら すぐに (課長が わたしに 仕事を 頼みました)。
　(4) わたしは 一日中 ひまだったので、(母が わたしに 留守番を 頼みました)。
　(5) 彼は 才能もあるし、努力も するので、(大勢の人が 彼を 応援しています)。

4

Ⅰグループ

例； 呼びます → 呼ばれます
(1) 笑います → _____
(2) 言います → _____
(3) 誘います → _____
(4) 手伝います → _____
(5) 思います → _____
(6) 泣きます → _____
(7) 開きます → _____
(8) 死にます → _____
(9) 騒ぎます → _____
(10) 驚きます → _____
(11) 壊します → _____
(12) 押します → _____
(13) 写します → _____
(14) 倒します → _____
(15) 包みます → _____
(16) 飾ります → _____
(17) 折ります → _____
(18) 盗みます → _____
(19) 選びます → _____

Ⅱグループ

(1) 見ます → _____
(2) 迎えます → _____
(3) 食べます → _____
(4) 間違えます → _____
(5) 忘れます → _____
(6) 調べます → _____
(7) 伝えます → _____
(8) 捨てます → _____
(9) 褒めます → _____
(10) 建てます → _____

Ⅲグループ

(1)   します → _____
(2) 招待します → _____
(3) 輸入します → _____
(4) 注意します → _____
(5) 発見します → _____
(6) 発明します → _____
(7)   来ます → _____

活用の作り方　動詞

Ⅰグループ

ます形	作り方	受身形
言います	い→わ＋れます	言われます
聞きます	き→か＋れます	聞かれます
つぎます	ぎ→が＋れます	つがれます
壊します	し→さ＋れます	壊されます
待ちます	ち→た＋れます	待たれます
死にます	に→な＋れます	死なれます
呼びます	び→ば＋れます	呼ばれます
読みます	み→ま＋れます	読まれます
取ります	り→ら＋れます	取られます

Ⅱグループ

ます形	受身形
食べます	食べられます
起きます	起きられます

Ⅲグループ

ます形	受身形
します	されます
来ます	来られます

第10課

～れます。／られます。　受身(2)

《基本文》
わたしは　犬に　手を　かまれました。(我被狗咬了手。)

練習

1　例；犬が　わたしの手を　かんだ。→　わたしは　犬に　手を　かまれた。
　(1) 泥棒が　わたしの財布を　盗んだ。
　(2) 母が　わたしの雑誌を　捨てた。
　(3) 弟が　わたしの時計を　壊した。
　(4) 妹が　わたしのおやつを　食べた。
　(5) あの人が　わたしの日記を　読んだ。
　(6) 友だちが　わたしの名前を　間違えた。
　(7) みんなが　わたしの失敗を　笑った。
　(8) あの人が　わたしの携帯電話を　なくした。
　(9) 兄が　わたしのコップを　割った。
　(10) 彼女が　わたしのプレゼントを　返した。

2　例；先生が　わたしの発音を　ほめた。
　→　わたしは　先生に　発音を　ほめられた。
　(1) 誰かが　わたしの肩を　たたいた。　(2) 父が　わたしの頭を　なでた。
　(3) 彼が　わたしの料理を　ほめた。　(4) 先輩が　わたしの名前を　呼んだ。

3 例；犬が わたしの手を かんだ。わたしは 大声で 泣いた。
　　→ わたしは 犬に 手を かまれて、大声で 泣いた。
(1) 弟が わたしの時計を 壊しました。わたしは 悲しくなりました。
(2) 妹が わたしのおやつを 食べました。わたしは 一つも 食べられなかった。
(3) 弟が わたしの日記を 読みました。わたしは とても 怒った。
(4) みんなが わたしの失敗を 笑いました。わたしは 少し はずかしかった。
(5) 誰かが わたしの肩を たたきました。わたしは びっくりした。
(6) 先生が わたしの発音を ほめました。わたしは とても うれしかった。
(7) 友だちが わたしの秘密を 知った。わたしは とても あわてた。

対話

1　A：うれしそうですね。何かいいことがあったんですか。
　　B：ええ。きのう彼から結婚を申し込まれたんです。
　　A：それはよかったですね。

> **入れ替えよう**
> 私が好きな歌手のコンサートに招待されたんです
> 大きい仕事を頼まれたんです

2　A：青い顔して、どうしたんですか。
　　B：実はパスポートを盗まれたんです。
　　A：それは大変ですね。
　　B：すみません、警察を呼んでくれませんか。

> **入れ替えよう**
> 財布をすられたんです
> 泥棒に入られたんです

第10課

〜れます。／られます。 受身(3)

《基本文》
1 雨に 降られました。（碰到了下雨天。）
2 わたしは 客に 来られて、困りました。（来客人了，（造成）我很困扰。）

練習

1 例；雨が 降った。→ 雨に 降られた。
(1) 客が 来た。
(2) 犬が 吠えた。
(3) 飼い犬が 逃げた。
(4) 子どもが 泣いた。
(5) みんなが 笑った。
(6) 蜂が さした。
(7) 人が 押した。
(8) 君が 辞めた。

2 例；急に 雨が 降った。困った。→ 急に 雨に 降られて、困った。
(1) 突然 犬が 吠えた。びっくりした。
(2) 忙しいときに 客が 来た。仕事が できなかった。
(3) 飼い犬が 逃げた。町中を 探した。
(4) 父が 死んだ。苦労した。
(5) 夜、となりの 人が さわいだ。寝られなかった。
(6) 蜂が さした。顔が はれてしまった。
(7) 人が 押した。転んでしまった。
(8) 犬が かんだ。子どもが 泣いた。
(9) 君が 辞めた。とても 困った。
(10) 猫が ひっかいた。顔に けがを した。

3 例；傘が ないとき ___雨に 降られて___ 、困った。

(1) 出かける前に _____、行けなかった。

(2) 夜道で 突然 _____、びっくりした。

(3) 満員電車で _____、いつもの駅で 降りられなかった。

(4) _____、あの子は とても かわいそうだ。

(5) _____、答えられなかった。

(6) _____、会社は 非常に 困った。

(7) 電車の中で_____、若い母親は 困っていた。

```
例；雨が 降って      犬が 吠えて    部長が 辞めて
   赤ちゃんが 泣いて   客が 来て     大勢の人が 押して
   先生が 質問して    母親が 死んで
```

対話

A：ハッ、ハッ、ハクション！
B：どうしたんですか。
A：いやあ、きのう、雨に降られて
　　風邪をひいてしまったんですよ。
B：大丈夫ですか。
A：まあ、なおるまでマスクと風邪薬は、はなせないなあ。
B：それは大変ですね。

― 入れ替えよう ―

ああ、いたい！ ― きのう、蜂にさされて、腕
がはれてしまった ― 右手がうまく使えない

第10課

「もしも ...」のとき

みなさんは日本に来てから困ったことや嫌なことをされたことはありますか。もちろん、そんなことはない方がいいけれど、「もしも…」のときがあります。そんなときどうしたらいいか、みんなで話し合ってみましょう。

1. 泥棒に入られて、パスポートやお金を盗まれたとき。
2. 知っている人の飼っている犬にかまれて、けがをしたとき。
3. 買い物に行って、店の前に置いた自転車をもっていかれたとき。
4. 電車の中で酔っ払いにいきなり殴られそうなとき。
5. 恋人にふられたとき。
6. ＿＿＿＿＿＿＿＿＿＿＿＿＿＿＿＿＿＿＿＿とき。

参考：交番に行く／１１０番をする／駅員に言う／学校の先生に相談する／逃げる／殴り返す／「助けて！」と叫ぶ／犬の飼い主に病院のお金を払ってもらう／ふった恋人にメールを出す／早く新しい恋人を探す

会話

A：わたし、彼に嫌われたのかな？
B：え、どうして？
A：先週の日曜日、デートに誘ったら、断わられたし、
　　理由を聞いても、答えてくれないのよ。
B：大変だね。
A：うん。どうしたらいいのかな？
B：わたしに聞かれても、何と言っていいか…。
　　もう一回きちんと話してみたら？
A：ええ、そうするわ。

第11課　昨晚钻石被盗了。
昨夜 ダイヤモンドが ぬすまれました。

> 昨夜　ダイヤモンドが　ぬすまれました。（昨晚钻石被盗了。）
> この寺は　中国の僧によって　建てられました。
> （这座寺庙是由中国僧人建造的。）

～れます。／られます。 受身(4)

《基本文》
昨夜 ダイヤモンドが ぬすまれました。（昨晚钻石被盗了。）

練習

1　例；昨夜 ダイヤモンドを ぬすみました。
　　→　昨夜 ダイヤモンドが ぬすまれました。
(1) 200年前に あの寺を 建てました。
(2) 来月 このビルを 壊します。
(3) 大学で 入学式を 行いました。
(4) 2001年に 国際会議を 開きました。
(5) この町に 歴史的遺産を 残しました。
(6) 来年の春 彼女の写真集を 出版します。
(7) この秋 韓国で 日本のドラマを 放送します。

2　例；この町で ワインを 作っています。
　　→　この町で ワインが 作られています。
(1) いろいろな国に ジャパン電気の製品を 輸出しています。
(2) たくさんの石油を 中東から 輸入しています。
(3) イギリスでも 日本の古典文学を 研究しています。
(4) 毎年 秋に 運動会を 開いています。
(5) 半年ごとに 新製品を 開発しています。
(6) 世界中で コーヒーを 飲んでいます。
(7) サンフランシスコでも お寿司を 食べています。
(8) 青森や山形で りんごを 作っています。

3 例；牛乳から チーズを 作ります。
　　　→ チーズは 牛乳から 作られています。
(1) ぶどうから ワインを 作ります。
(2) 石油から ワイシャツを 作ります。
(3) 大豆から 醤油を 作ります。
(4) 木から 紙を 作ります。

4 例；紙で このコップを 作りました。
　　　→ このコップは 紙で 作られました。
(1) 木で この寺を 建てました。
(2) ダンボールで これらの家具を 作りました。
(3) 飴で この人形を 作りました。
(4) お菓子で あの家を 作りました。

対話

1　A：この前のワールドカップを覚えていますか。
　　B：ええ。2002年に日本と韓国で開催されましたね。
　　　　よく覚えていますよ。
　　A：おもしろかったですね。
　　B：そうですね。次が楽しみですね。

　　　　――― 入れ替えよう ―――
　　　　オリンピック ― 2004年 ― ギリシャのアテネ

2　A：来月、このビルが壊されます。知っていましたか。
　　B：いいえ、知りませんでした。
　　A：このビルは、思い出がたくさんあるので、悲しいです。
　　B：残念ですね。

　　　　――― 入れ替えよう ―――
　　　　この公園が閉鎖されます ― この公園

～れます。／られます。　受身(5)

《基本文》
この寺は　中国の僧によって　建てられました。
（这座寺庙是由中国僧人建造的。）

練習

1　例；世界中の人が　この本を　読んでいます。
　　　　→　この本は　世界中の人に　読まれています。
(1) 多くの人が　英語を　話しています。
(2) たくさんの人が　コンピューターを　使っています。
(3) 世界中の人々が　飛行機を　利用しています。

2　例；中国の僧が　この寺を　建てました。
　　　　→　この寺は　中国の僧によって　建てられました。
(1) 地域の住民が　この教会を　建てました。
(2) レオナルド・ダ・ビンチが　「モナリザ」を　描きました。
(3) ベートーベンが　「運命」を　作曲しました。
(4) ライト兄弟が　飛行機を　発明しました。
(5) ノーベル賞作家が　この本を　書きました。
(6) 日本の高校生が　あの星を　発見しました。

3　例；いろいろな国で　日本語を　話しています。
　　　　→　いろいろな国で　日本語が　話されています。
(1) アジアの国々で　米を　作っています。
(2) 日本で　カメラ付き携帯電話を　使っています。
(3) いろいろな国で　このサッカーの試合を　放送しています。
(4) 世界中で　黒沢明監督の映画を　評価しています。

対話

1　A：へえ、これはいいなあ。
　　B：どうしたんですか。新聞に何が書いてあるんですか。
　　A：今度、コンサートホールで、クラシックのコンサートが開かれると書いてあります。
　　B：クラシックが好きなんですか。
　　A：ええ、大好きです。

――― 入れ替えよう ―――
新宿で香港映画が公開される　―　香港映画
近くの美術館で展覧会が開かれる　―　絵

2　A：このパンフレットに、この寺は、250年前に建てられたと書いてあります。
　　B：でも、ずいぶんきれいに残っているんですね。

――― 入れ替えよう ―――
2005年にここで国際会議が開かれた　―　なるほど、立派な会館ですね
来月、このビルが壊される　―　もう古い建物ですからね

やってみよう！

ダイヤモンド泥棒

（　）の中にひらがなを一つ書きなさい。

　　昨夜、宝石店でダイヤモンド（　）盗まれました。
宝石店の店長の話：
「昨日の夜10時ごろ、わたしが帰るとき、ダイヤモンドは金庫の中に入っていましたが、今朝、その金庫（　）開けられていました。そして、お店のかぎ（　）全部壊されていました。ダイヤモンド（　）誰（　）盗まれたのでしょうか。困りました…。」
　　このダイヤモンドは1億円です。まだ犯人はつかまっていません。今、警察が調べています。

会話

1 世界遺産

やってみよう！

あなたの国の世界遺産は何ですか。
それはいつ、だれによって作られましたか。

例；日本　法隆寺
法隆寺は607年に聖徳太子によって建てられました。

2
 A：どうしたの？　びしょぬれじゃない？
 B：朝、晴れていたから傘を持たないで出かけたら、雨に降られて
   困ったよ。
 A：風邪をひかないように、早く着替えなさい。

3（日本酒工場で）
 A：これは何ですか。
 B：これは「酒粕」です。日本酒を作るときにできます。
 A：どういうことですか。
 B：日本酒は米と水から作られていますよね。米と水を混ぜて、
   発酵して、最後に絞って日本酒が作られます。
 A：ええ。
 B：絞ったあとに残ったものが「酒粕」です。
   ほら、お酒の匂いでしょう。
 A：本当ですね。これ、どうするんですか。
 B：砂糖と水を入れて、甘酒を作ったり、このまま焼いて、砂糖を
   かけて、食べたりします。「酒粕」はスーパーでも売っていますよ。
 A：そうなんですか。じゃ、今度、食べてみます。

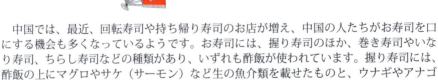

　中国では、最近、回転寿司や持ち帰り寿司のお店が増え、中国の人たちがお寿司を口にする機会も多くなっているようです。お寿司には、握り寿司のほか、巻き寿司やいなり寿司、ちらし寿司などの種類があり、いずれも酢飯が使われています。握り寿司には、酢飯の上にマグロやサケ（サーモン）など生の魚介類を載せたものと、ウナギやアナゴなど火を通した寿司ネタを載せたものがあります。また、握り寿司にはわさびが塗られていることが多く、わさびが苦手な人は「サビ抜きでお願いします」と言って注文します。

　在中国，回转寿司和外带寿司的店铺越来越多，人们品尝到寿司的机会也变多了。寿司有攥寿司、寿司卷、荷包寿司和什锦寿司饭等种类，所有这些都会用到"醋米饭"。攥寿司中，既有在醋米饭上摆上金枪鱼或鲑鱼（三文鱼）等生鲜鱼类的，也有摆上烤鳗鱼或星鳗等食材的寿司。同时，攥寿司多数情况下都会涂有芥末，不喜欢芥末的人在点菜时可说「サビ抜きでお願いします」。

第12課 › 据说从傍晚开始下雨。
夕方から 雨が 降るそうです。

夕方から 雨が 降るそうです。（据说从傍晚开始下雨。）
この寺は 200年前に 建てられたそうです。
（据说这座寺庙是200年前建造的。）
それが 本物かどうか わかりません。（不知道这个是不是真的。）
誕生日のパーティーに 誰が 来たか わかりますか。
（你知道生日派对上有谁来了吗？）

〜そうです。　伝聞

《基本文》
1　夕方から　雨が　降るそうです。（据说从傍晚开始下雨。）
2　この本は　おもしろいそうです。（据说这本书很有意思。）
3　天気予報によると、大型の台風が　来るそうです。
　（据天气预报说，大型台风要来了。）

練習

1　例；降ります。　→　降るそうです。
　(1) 旅行します。　　　　　(2) 行きません。
　(3) 考えました。　　　　　(4) 知っていました。
　(5) 来ません。　　　　　　(6) 住んでいません。
　(7) 会いませんでした。　　(8) 予約していませんでした。

2　例；すばらしいです。　→　すばらしいそうです。
　(1) 寒いです。　　　　　　(2) 暑くなかったです。
　(3) 早かったです。　　　　(4) かわいくなかったです。
　(5) にぎやかです。　　　　(6) ハンサムではありません。
　(7) 歌手でした。　　　　　(8) 好きではありませんでした。

3　例；来月　上海へ　(行きます)。　→　来月　上海へ　行くそうです。
　(1) 田中さんは　来週　大阪へ　(出張します)。
　(2) スタットさんは　2年前に　日本へ　(来ました)。
　(3) ビルさんのアパートは　駅に　(近いです)。
　(4) みどりさんは　若いころ　とても　(かわいかったです)。
　(5) 今井さんは　野球が　とても　(上手です)。
　(6) 道子さんは　子どものころ　体が　(丈夫ではありませんでした)。
　(7) 昔　ここは　(海でした)。

4　例；友だちの話では、ワンさんは　きょう　（休みます）。
　　　→　友だちの話では、ワンさんは　きょう　休むそうです。
　(1) 噂では、田中さんは　飛行機が　（苦手です）。
　(2) クラスメートの話では、この本は　とても　（おもしろいです）。
　(3) 噂では、彼は　毎日　サッカーの練習を　（しています）。
　(4) ワンさんの話では、中国でも　日本のアニメが　（大人気です）。

5　例；あしたは　雨が　降ります。（天気予報）
　　　→　天気予報によると、あしたは　雨が　降るそうです。
　(1) アメリカの大統領が　来月　やめます。（きのうのニュース）
　(2) 人身事故が　おきました。（車内放送）
　(3) ダイヤモンドを　盗んだ犯人が　さっき　つかまりました。（ラジオ）
　(4) 彼は　オリンピック選手に　選ばれませんでした。（今朝の新聞）

6　例；ずっと　雨だったが、あしたは　（晴れます）そうです。
　　　→　ずっと　雨だったが、あしたは　晴れるそうです。
　(1) あの人は、私費留学生ではなく、（国費留学生です）そうです。
　(2) 米の値段が　（値上がりしています）そうです。
　(3) 今夜　台風が　（来ます）そうです。
　(4) 噂では、もうすぐ　国会が　（解散します）そうだ。
　(5) 事故で、電車が　（動いていません）そうだ。
　(6) A社では、新製品の開発に　（成功しました）そうだ。

対話

A：あしたの天気はどう？
B：天気予報によると、晴れるそうだよ。
A：じゃ、釣りに行くか。

入れ替えよう

今週の運勢　—　週刊誌によると、金運が最高だ
　　　　　　—　誰かがおこづかいをくれるのかな

第12課

～れる／られる＋そうです。

《基本文》
この寺は　200年前に　建てられたそうです。
（据说这座寺庙是200年前建造的。）

練習

1　例；建てられました。→　建てられたそうです。
　(1) 壊されます。　　　　(2) 開かれます。　　　　(3) 発明されました。
　(4) 書かれました。　　　(5) 行われません。　　　(6) 読まれませんでした。
　(7) 輸出されています。　(8) 輸入されています。　(9) 出版されていました。
　(10) 伝えられていました。(11) 作られていません。 (12) 話されていませんでした。

2　例；200年前に　あの寺を　建てました。
　　　→200年前に　あの寺が　建てられたそうです。
　(1) 来月　このビルを　壊します。　　　(2) 来年　博覧会を　開きます。
　(3) この秋　話題の映画を　公開します。(4) 2005年に　国際会議を　開きました。
　(5) 去年　新しい星を　発見しました。　(6) 2年前に　この本を　出版しました。

3　例；この村で　焼き物の技術を　伝えています。
　　　→この村で　焼き物の技術が　伝えられているそうです。
　(1) 江戸時代　たくさんの小説を　出版していました。
　(2) 外国から　牛肉を　輸入しています。
　(3) この国で　世界の40％のコーヒーを　作っています。
　(4) この町で　ワインを　作っています。
　(5) いろいろな国に　この会社の製品を　輸出しています。

4 例；有名な 女優が この本を 書きました。
　　→この本は 有名な 女優によって 書かれたそうです。
(1) 地域の住民が この教会を 作りました。
(2) 市長が 新しい図書館を 建てました。
(3) レオナルド・ダ・ビンチが この絵を 描きました。
(4) ベートーベンが この曲を 作曲しました。
(5) 多くの人たちが この車を 愛用しています。
(6) 世界中の子どもたちが 「シンデレラ」を 読んでいます。

対話

1　A：ずいぶん古い家ですね。
　　B：150年前に建てられたそうですよ。

入れ替えよう

建物 ― 最近 修理された
タンス ― おばあさんが結婚するときに作られた

2　A：立派な時計ですね。
　　B：昔、会長からおくられた時計だそうですよ。

入れ替えよう

古い本 ― 明治時代に出版された本

～か／～かどうか…

《基本文》
1 それが 本物かどうか わかりません。（不知道这个是不是真的。）
2 誕生日のパーティーに 誰が 来たか わかりますか。
（你知道生日派对上有谁来了吗？）

練習

1 例；ビルさんが 帰国しました・帰国していません
　　　／あなたは そのことを 知っていますか。
　　→（あなたは）ビルさんが 帰国したかどうか 知っていますか。
(1) 先生が 帰りました・帰っていません／あなたは そのことを 知っていますか。
(2) キムさんが 来週 旅行します・旅行しません／あなたは そのことを 聞いていますか。
(3) 日本で この映画は 人気がある・ない／あなたは そのことを 調べられますか。
(4) ここで 教科書を 売っている・売っていない／あなたは そのことを 知っていますか。

2 例；誕生日のパーティーに 誰が 来ましたか。／あなたは そのことが わかりますか。
　　→（あなたは）誕生日のパーティーに 誰が 来たか わかりますか。
(1) あした ここに 誰が 来ますか。／あなたは そのことが わかりますか。
(2) 社員旅行に 誰が 行きましたか。／あなたは そのことを 知っていますか。
(3) 大学受験の申し込みに 何が 必要ですか。／あなたは そのことを 知っていますか。
(4) 帰りに その店で 何を 買いますか。／あなたは そのことを 決めましたか。
(5) 来週の遠足で どこへ 行きますか。／あなたは そのことを 聞きましたか。

3 例1；A：きのう ここへ 誰が（来ましたか）わかりますか。
　　　→きのう ここへ 誰が 来たか わかりますか。
　　　B：ええ、ビルさんと道子さんが 来ましたよ。
　例2；A：山田先生は もう（帰りましたか）わかりますか。
　　　→山田先生は もう 帰ったかどうか わかりますか。
　　　B：ええ、山田先生なら、もう帰りましたよ。何か用ですか。

(1) A: ワンさんが 来週の進学説明会に (行きますか) 聞きましたか。
　　B: いいえ、まだです。

(2) A: 去年のクリスマスパーティーに 何人(招待されましたか) 覚えていますか。
　　B: ええ、確か カルロスさんとキムさんと、それから…だいたい 7～8人かな。

(3) A: あしたの遠足に 誰が (参加しますか) 調べられますか。
　　B: ええ、待ってください。ええっと…日本語クラスの学生は 全員参加ですよ。

(4) A: 掲示板に アルバイトの募集が (貼ってありますか) 知っていますか。
　　B: いいえ。今日の午後 見に行きます。

(5) A: 会議の準備が (できましたか) わかりますか。
　　B: ええ、もう 準備が できたそうです。

(6) A: 卒業式が 何時から (始まりますか) 知っていますか。
　　B: 11時からですよ。

第12課

ワンさんの手紙

ワンさんの手紙を読んで、「～そうです」の文を書きましょう。

　先生、お元気ですか。わたしは今、箱根の温泉にいます。新宿から特急電車に乗りました。午前中は雨に降られてしまいましたが、午後、きれいな富士山を見ることができて、みんなで大喜びしました。
　箱根はほんとうに静かでいいところですね。温泉は気持ちがいいです。外にある温泉にも入りました。
　あしたはロープウェイに乗ったり、湖で遊覧船に乗ったりするつもりです。先生にお土産を買ったので、持っていきます。

　　　　　　　　　　　　　　　　　　　　　　　ワンより　8／26

(例)
・ワンさんは箱根の温泉にいるそうです。
・_____
・_____
・_____
・_____

会話

A：カップラーメンは、日本人によって発明されたそうですよ。
B：へえ、知らなかった。
A：じゃ、中華料理店に回るテーブルがありますね。
　　どこの国の人が発明したか知っていますか？
B：知りません。どこの国の人ですか？
A：日本人によって発明されたんですよ。
B：本当ですか？　中国人だと思いました。

第13課 〉 他明天应该会来。
彼は あした 来るはずです。

あしたは 夕方から 雨が 降るらしいです。（听说好像明天从傍晚开始下雨。）
来週だったら、行けるかもしれません。（下周的话也许能去。）
彼は あした 来るはずです。（他明天应该会来。）
彼は 今 病気だから、学校へ 来るはずがありません。
（他现在生病，所以按理说不会来学校。）

第13課

107

～らしいです。

《基本文》
1 あしたは 夕方から 雨が 降るらしいです。
（听说好像明天从傍晚开始下雨。）
2 あの店は 料理も 雰囲気も いいらしいです。
（听说那家店菜好吃，环境也不错。）
3 天気予報によると あしたは いい天気らしいです。
（据天气预报说，明天天气不错。）

練習

1 例；雨が 降ります。　→　雨が 降るらしい。
(1) 来月 帰ります。
(2) しばらく 雨が 続きます。
(3) 毎日 勉強しています。
(4) このビルが 壊されます。
(5) 市民ホールが できます。
(6) 元気に なりました。
(7) 交通事故が 多いです。
(8) 彼女は 頭がいいです。
(9) ここは 静かでした。
(10) あしたも 雨です。

2 例；あしたは 雨が 降ります。(天気予報)
　　→　天気予報によると あしたは 雨が 降るらしいです。
(1) 彼女は もうすぐ 結婚します。(噂)
(2) この寺は 200年前に 建てられました。(資料)
(3) 彼は 来週 退院します。(さっき 聞いた話)
(4) 来年 新製品が 発売されます。(このパンフレット)
(5) 今井さんは 大阪へ 転勤します。(小林部長の話)
(6) 今年は 交通事故が 多くなっています。(統計)

3 例；雨が (降ります)。　→　雨が 降るらしいです。
(1) あのマンションでは ペットを 飼っては (いけません)。
(2) 彼は 今の会社を 辞めて 新しい会社を (作ります)。
(3) 10年ぐらい前に 大洪水が (ありました)。

(4) あの町は ここより もっと （都会的でした）。
(5) あの方は 昔から 考え方が とても （おもしろかったです）。
(6) この季節だけ 海が （おだやかです）。
(7) A社の車は 安全性が （高いです）。
(8) この堤防が できるまでは 水の事故が （多かったです）。

4 例；週間予報を 見たんですが、来週は <u>天気が いいらしい</u> ですよ。

(1) さっき 課長に 聞いたんですが、佐藤さんは 今年で 会社を
　　_____ですよ。
(2) 今 本人から 聞いたんですが、山本さん、来年 アメリカに
　　_____ですよ。
(3) 友だちが 教えてくれたんですが、この店は オムライスが
　　_____ですよ。
(4) テレビで 見たんですが、このメーカーの化粧品は _____ですよ。
(5) 新聞で 読みましたが、お米が 秋から _____ですよ。
(6) 市役所で ポスターを 見たんですが、市民ホールが _____ですよ。
(7) A: ワンさんは 夏休みに 帰国すると言っていましたが、もう 帰国しましたか。
　　B: ええ、ビルさんの話では きのう _____ですよ。

例：天気が いいです　　値上がりします　　帰りました　　肌に いいです
　　退職します　　　　おいしいです　　　留学します　　建設されます

対話

A：きょうは田中さん、遅刻するらしいですよ。
B：誰に聞いたの？
A：山田さんに電話があったそうです。

入れ替えよう
休み　早退する

～かもしれません。

《基本文》
1 来週だったら、行けるかもしれません。（下周的话也许能去。）
2 今日のパーティーは 行かないかもしれません。（今天的派对，可能不去。）

練習

1 例；海外旅行に（行きます）。→ 海外旅行に 行くかもしれません。

(1) 国へ（帰ります）。　　　　(2) この時計は（なおりません）。
(3) 10万円あったら（買えます）。 (4) 来週までには（できません）。
(5) この方法は（いいです）。　　(6) その方法は（よくないです）。
(7) それは（だめです）。　　　　(8) 彼は（元気ではありません）。

2 例；来週だったら　　行けるかもしれません。

(1) ここよりも あちらの席のほうが よく ＿＿＿＿＿＿＿＿＿ね。
(2) あの車は 高くて、今 買えないけれど 1年間 頑張って 貯金すれば、
　　＿＿＿＿＿＿＿＿＿。
(3) まだ けがが 治らないので、今度の大会では ＿＿＿＿＿＿＿＿＿。
(4) A: あの二人、仲がいいね。
　　B: ＿＿＿＿＿＿＿＿＿ね。
(5) 雨が ＿＿＿＿＿＿＿＿＿から、傘を 持っていったほうが いいですよ。

| 例；行けます　走れません　見えます　降ります　結婚します　買えます |

対話

A：来週のパーティーに行くの？
B：行くかもしれないし、
　　行かないかもしれないし…。
　　まだ、決めていないんだ。

入れ替えよう
マラソン大会に出るの
　― 出る ― 出ない

～はずです。／～ないはずです。

《基本文》
1 彼は あした 来るはずです。（他明天应该会来。）
2 ワンさんは そのニュースを 知らないはずです。
（小王应该不知道那个消息。）

練習

1 例；きっと そこに あります。→ そこに あるはずです。

(1) きっと あした 到着します。　(2) きっと もう 帰りました。
(3) きっと そこに あります。　(4) きっと 誰も いません。
(5) きっと 電車のほうが 速いです。　(6) きっと 車のほうが 便利です。
(7) きっと 休みです。　(8) きっと 明日ではありません。

2 例；もう （帰りました）。→ もう 帰ったはずです。

(1) A：きのう ここに 本を 置いたんですが。
　　B：誰も さわっていないので、そこに （あります）よ。
(2) A：今朝 廊下の電気が きれていましたよね。
　　B：ああ、今 電球を 替えたので、もう （つきます）よ。
(3) A：そろそろ 出発しますか。
　　B：ええ、みんな （集まりました）。もう一度 確認してから 出発しましょう。
(4) A：2階の電気が ついていましたよ。
　　B：え、そうですか。もう 誰も （いません）が。
(5) A：指を 切ってしまったんですが。ばんそうこうは ありませんか。
　　B：えーと、（買ってあります）よ。…ほら、ありました。

対話

A：入学願書の締め切りは、 たしか今日ですよね。
B：ええ、そのはずです。

― 入れ替えよう ―
大学の面接試験

第13課

～はずがありません。

《基本文》
彼は 今 病気だから、学校へ 来るはずがありません。
(他现在生病，所以按理说不会来学校。)

練習

例；彼は 今 病気だから、学校へ （来ません）。
　→ 彼は 今 病気だから、学校へ 来るはずがありません。

(1) ワンさんは 今朝 熱があって 寝ていたから、パーティーへ（行きません）。
(2) ぜんぜん 勉強しなかったから、試験に（合格しません）。
(3) ビルさんは 電話で「今うちにいる」と言ったから、教室に（いません）。
(4) ここは 1階だから、富士山が（見えません）。

ワンさんとカルロスさんの会話

ワンさんになって答えてください。

1　カルロス：昨日は、一日中サッカーをしていたんです。
　　ワ　ン：それじゃ、今日は＿＿＿＿＿＿＿＿＿＿はずですね。

2　カルロス：友だちのキムさんは、日本語が話せますか。
　　ワ　ン：日本の大学を卒業しているそうですから、
　　　　　　＿＿＿＿＿＿＿＿＿＿はずです。

3　ワ　ン：そのデジカメ、いいですね。
　　カルロス：ありがとう。でも高かったんですよ。10万円だったんです。
　　ワ　ン：10万円！＿＿＿＿＿＿＿＿＿＿はずですね。

4　カルロス：パクさんは今日のパーティーに来ますか。
　　ワ　ン：彼女は今、国に帰っていますから、＿＿＿＿＿＿＿＿＿＿はず
　　　　　　がありません。

宝くじ

（　）の中のことばはどちらがいいですか。

山本：吉田さん、他の人にちょっと聞いたんですが、木村さんはきのう、百万円の指輪を恋人にプレゼントした（かもしれません・らしいです）よ。

吉田：本当ですか！　すごいですね。

山本：木村さんは先月、宝くじを買ったと言っていたから、宝くじがあたった（かもしれません・はずがありません）ね。

吉田：え、宝くじ？　木村さんに会って、話を聞いてみたいなあ。

山本：実は、木村さんと会う約束があるから、ここへ来る（かもしれません・はずです）よ。

吉田：そうですか。じゃ、ぜひあとで聞いてみましょう。
山本さんは宝くじを買ったことがありますか。

山本：買ったことはありますが、まだあたったことはありませんね。

吉田：そうですか。わたしはまだ買ったことがありません。木村さんの話を聞いて、本当だったら、わたしも買ってみる（かもしれません・らしいです）よ。

豆知識　小知识

　2月14日はバレンタインデーですが、日本では、ふつう女性から男性にチョコレート（本命チョコ）を贈り、愛を告白する日とされています。ただ、会社などでは、女性社員が日頃の感謝の気持ちを込めて、男性社員に恋愛感情の伴わないチョコレート（義理チョコ）を渡すケースもあります。なお、3月14日はホワイトデーと呼ばれ、男性が女性にバレンタインデーのお返しとしてお菓子などを贈る日ですが、本命チョコだけでなく、義理チョコに対してもお返しをするのが一般的です。

　2月14日是情人节。在日本，通常是女性向男性赠送巧克力（爱情巧克力），表达爱意的日子。不过，在公司等团体中，也有这样的情况：女职员为了表达平日的感激之情而向男职员赠送不含恋爱情感的巧克力（人情巧克力）。此外，3月14日被称为白色情人节，是男性向女性回赠点心等，以答谢情人节礼物的日子。所送礼品不仅限爱情巧克力，赠送人情巧克力的现象也较为普遍。

会話

A：先輩、聞きましたか。
B：何を？

A：営業の佐藤さん、今月で会社をやめるらしいですよ。
B：え、本当に？ やめて何をするのかなあ。

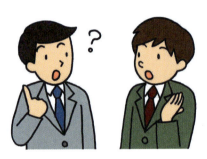

A：結婚が決まったらしいです。
B：そうか。仕事は続けないのかな。

A：相手の方の海外勤務が、急に決まったらしいですよ。

B：よく、知っているねえ。
A：はい。さっき、課長に聞いたんです。

第 14 課 因为下周测验，所以（决定）明天在家学习。

来週　テストなので、あしたは　家で　勉強することにします。

わたしは　体が　弱いので、ときどき　学校を　休むことがあります。
（我因为身体不太好，有时会不去学校。）
来週　テストなので、あしたは　家で　勉強することにします。
（因为下周测验，所以（决定）明天在家学习。）
山田先生が　元気になったということを　みんなに　知らせてください。
（请通知大家山田老师身体好了这件事。）
田中さんも　パーティーへ　一緒に　行くことになりました。
（田中先生也一起去派对了。）

〜ことがあります。

《基本文》
1 わたしは 体が 弱いので、
　 ときどき 学校を 休むことがあります。
　　（我因为身体不太好，有时会不去学校。）
2 たまに 夜 眠れないことがあります。（偶尔夜里会睡不着。）
3 不注意で、大事故を 起こすことがあります。
　　（有时会由于疏忽大意造成重大事故。）

練習

1 例；会社を 休みます。→ 会社を 休むことがあります。

(1) 学校へ 行きます。　　　(2) 家へ 帰りません。
(3) 火事に なります。　　　(4) 席に いません。
(5) 食事を します。　　　　(6) ご飯を 食べません。
(7) 事故が 起きます。　　　(8) 電気が つきません。
(9) 早く 帰れます。　　　　(10) ここから 入れません。
(11) ドアが 開いています。　(12) 鍵が 閉まっています。

2 例；たまに 会社を（休みます）。→たまに 会社を 休むことがあります。

(1) たまに 外で 食事を（します）。
(2) ときどき 席に（いません）。
(3) 洗濯物を 家の中に（干します）。
(4) たまに 学校へ 早く（行きます）。
(5) 捨てた煙草から 山火事に（なります）。
(6) 建物が 古くなったので、電気が（つきません）。
(7) 注意していても、事故が（起きます）。
(8) 仕事が 忙しくて、家に（帰れません）。
(9) あの店は 8時開店ですが、7時半に（開いています）。
(10) 仲がいい兄弟でも たまに（けんかします）。

3 例；わたしは 体が 弱いので （学校を 休みます） あります。
　→わたしは 体が 弱いので 学校を 休むことがあります。

(1) 店長が 体を 悪くしてから、ときどき 店が （閉まっています） あります。
(2) A: お父さんと （けんかします） ありますか。
　　B: いいえ、ほとんど ありませんね。
(3) いつも 夜8時に 帰りますが、たまに （遅くなります） あります。
(4) 雨の日は 洗濯物を 家の中に （干します） あります。
(5) 悩みがあるので、夜 （眠れません） あります。
(6) 携帯電話で 話しながら 運転すると （大事故に なります） ありますよ。
(7) 毎晩 遅くまで 試験勉強を しているから、
　　授業中に （寝てしまいます） あります。

第14課

対話

A：お仕事、忙しいんですか。
B：ええ、たまに早く帰れることもあるんですが、
　　ほとんど毎晩終電です。
A：本当に、忙しいんですね。

入れ替えよう
早く終わる
8時ごろ家に帰れる
早く帰って家族と夕食を食べる

～ことにします。／～ということ

《基本文》
1 来週 テストなので、あしたは 家で 勉強することにします。
（因为下周测验，所以（决定）明天在家学习。）
2 今晩は 家で 勉強しないことにします。（（决定）今晚不在家学习了。）
3 山田さんが 元気になったということを みんなに
　知らせてあげてください。（请通知大家山田先生身体好了这件事。）

練習

1 例；家で 勉強します。（あした）→ あしたは 家で 勉強することにします。
(1) 早く 帰ります。（あした）
(2) 一人で 先生のうちへ 行きます。（週末）
(3) どこへも 行きません。（今度の休み）
(4) 何も 買いません。（今月）
(5) 国へ 帰って 結婚します。（来年）
(6) もっと 頑張って 勉強します。（これから）
(7) 教室では 自分の国の言葉を 使いません。（今から）

2 例；来週 試験が あるので あしたは 家で 勉強することに します。
(1) 夕方 台風が 上陸するそうですから、今日は ＿＿＿＿＿＿＿＿ しました。
(2) 日本語が 早く 上手に なるように、これからは ＿＿＿＿＿ しましょう。
(3) 結婚相手は ＿＿＿＿＿＿＿ します。
(4) 日本で 就職したかったんですが、卒業したら ＿＿＿＿＿＿＿ しました。
(5) 毎年、正月は 国へ 帰っていましたが、1月末に 大学の卒業試験が あるので
　　＿＿＿＿＿＿＿ しました。

| 例；家で 勉強します | 国へ 帰ります | 日本語だけ 使います |
| どこへも 行きません | 自分で 見つけます | 今年は 帰りません |

3 例；来週 試験が あるので あしたは 家で ＿＿勉強することに＿＿ します。
   (1) 今日は どこへも 行かないで、＿＿＿＿＿＿＿＿＿＿ ことにしよう。
   (2) 体のために 甘いものは ＿＿＿＿＿＿＿＿＿＿ ことにしよう。
   (3) 足が 丈夫になるように、毎朝 ＿＿＿＿＿＿＿＿ ことにしよう。
   (4) 今日は 天気が いいので、＿＿＿＿＿＿＿＿ ことにした。
   (5) 父と 相談して 来年 ＿＿＿＿＿＿＿＿ ことにしました。
   (6) 日本語が 上手になるように ＿＿＿＿＿＿＿＿ ことにしました。
   (7) 雨が 降るかもしれないので 傘を ＿＿＿＿＿＿＿＿ ことにした。

4 例；「山田さんが 元気になりました。」知りました。
   → 山田さんが 元気になったということを 知りました。
   (1) 「田中さんが タイへ 転勤します。」知りました。
   (2) 「あの大学は 留学生が 多いです。」知りました。
   (3) 「キムさんのお姉さんも 来ます。」知りませんでした。
   (4) 「昨日 サントスさんが 風邪で 休みました。」聞きました。
   (5) 「大阪で 震度4の地震が ありました。」テレビで 見ました。

対話

1 A：連休の予定、どうなりました？
  B：旅行に行くということは決まったんだけど、どこにするか困ってるんだよ。
  A：早くしないと、もう、どこも予約が取れませんよ。

　　　　　　　　　　　入れ替えよう
　　　　　　　　　夏休み ― どこかへ行く

2 A：さっきからパソコンでアクセスしているんだけど、調子が悪くて、ときどきつながらないことがあるんだ。古い機械だからね。
  B：じゃ、今日はこれから僕の家へ来て、うちの新しいパソコンで続きをすることにしてはどうですか。協力しますよ。
  A：わあ、ありがとう。じゃ、そうしよう。

　　　　　　　　　　　入れ替えよう
　　　　　　　ダウンロードできない ― 検索する

第14課

～ことになります。／～ことになりました。

《基本文》
1 田中さんも パーティーへ 一緒に 行くことになりました。
　　（田中先生也一起去派对了。）
2 彼は 今度の旅行へ 行かないことになりました。（他不去这次的旅行了。）

練習

1 例；田中さんも パーティーへ 一緒に 行きます。
　　→ 田中さんも パーティーへ 一緒に 行くことになりました。
(1) 山本さんは 先に 帰ります。　　　(2) 来週 出張します。
(3) あしたの会議に 出席しません。　(4) 彼と 別れます。
(5) 卒業したら 帰国します。　　　　(6) 入院して 手術します。
(7) 彼女に 詩を 読んでもらいます。(8) 今年は 国へ 帰りません。

2 例；今年から ひまわり日本語学校で 日本語を （教えます）。
　　→ 今年から ひまわり日本語学校で 日本語を 教えることになりました。
(1) 代表に 選ばれたので、スピーチコンテストに （出ます）。
(2) 病院へ 行ったら、すぐに （入院します）。
(3) 大学生になったら 東京で 一人暮しを （します）。
(4) 道が 混んでいるかもしれないので あした 早く （出発します）。
(5) 残念ですが、彼は 今度の旅行へ （行きません）。

3 例；大学に 合格したら、引越すことになると思います。
(1) 課長が ＿＿＿＿＿＿＿＿＿＿＿＿ことになると、主任が 課長に
　　昇進するかもしれないなあ。
(2) 用事があるので、そのパーティーには ＿＿＿＿＿＿＿＿＿＿＿＿ことになった。
(3) 新幹線の切符が とれなかったので、＿＿＿＿＿＿＿＿＿＿＿＿ことになりそうだ。
(4) 天気が 悪いので、飛行機が ＿＿＿＿＿＿＿＿＿＿＿＿ことになりました。

(5) 佐藤さんの家とわたしの家は 近いので、

わたしの車で ＿＿＿＿＿＿＿＿＿＿＿＿＿＿ことになりました。

(6) 国際会議で ＿＿＿＿＿＿＿＿＿＿＿＿＿＿ことになったので、今から
練習しようと思います。

例；引越します　　スピーチを　します　　飛行機で　行きます　　飛びません
　　送って行きます　　転勤します　　参加しません

4　例；A：転勤、決まったんですか。
　　　　B：大阪に　行くことになりそうです。

(1)　A：佐藤さんの荷物、どうなりましたか。
　　　B：家が　近いから、わたしが ＿＿＿＿＿＿＿＿＿＿＿＿＿ことになりそうだよ。

(2)　A：お正月、帰れるの？
　　　B：仕事が　忙しいから ＿＿＿＿＿＿＿＿＿＿＿＿＿ことになりそうだよ。

(3)　A：新幹線、満席だって言ってましたよ。
　　　B：そうなんだ。飛行機で ＿＿＿＿＿＿＿＿＿＿＿＿＿ことになりそうだ。

(4)　A：今度のコンサートは　人気が　あるらしいですね。
　　　B：ああ、チケットが ＿＿＿＿＿＿＿＿＿＿＿＿＿ことになったら　困るなあ。

第14課

対話

A：引越しするということを、ちょっと聞いたんですが…。
B：ええ。今度、北海道へ転勤することになりました。
A：まあ、みなさんで？
B：いいえ、家族は、ここに住んで、わたし一人で行くことにしました。

入れ替えよう

旅行　—　一か月ほど、ヨーロッパへ行く
　　　—　息子は学校があるので、妻と二人で行く

121

今井さんと中山さんの会話

下の□から一番いいものを選び、（　）のことばを使って正しい文にしなさい。同じことばを2回使ってもいいです。

例：健康のために甘いものは（食べる）→食べないことにしました。

今井：イタリアの地図ですね。旅行ですか。
中山：ああ、仕事ですよ。仕事で一週間イタリアへ(行く)→_____。
今井：出張ですか。大変ですね。中山さんはイタリア語は？
中山：まだ勉強を始めて1年なんですが、少しずつできるようになってきましたよ。
今井：いつも忙しいのに、いつ勉強しているんですか。
中山：朝早く起きて(勉強する)→_____。
今井：何時ごろ？
中山：毎朝5時半から7時までです。
今井：毎日ですか。すごいですね。
中山：自分で決めたことだから…。でも、たまに起きたくないと(思う)→_____。
今井：わたしも学生時代にロシア語を(勉強する)→_____が、すっかり忘れてしまいました。わたしも朝早く起きて勉強してみようかなあ。
中山：頑張ってください。
今井：ええ、やってみますよ。中山さんも気をつけてイタリアへ行ってきてください。
中山：ありがとうございます。帰ってきたらまた会いましょう。

| 例；ことにする　ことがある・ことになる・ことにしている |

会話

A：ねえ、見て。あの人、どうして時計を指差しているのかしら？
B：早くしなさいということですよ。
A：いらいらしているんですね。

第15課 老师给了我这本书。
先生が この本を くださいました。

先生が この本を くださいました。(老师给了我这本书。)
先生が 作文を 見てくださいました。(老师帮我看了作文。)
わたしは 先生に 本を いただきました。(我从老师那里得到了书。)
教授に 論文を 直していただきました。(我请教授帮我改了论文。)
わたしは 先生に ケーキを さしあげました。(我给了老师蛋糕。)
わたしは お客様に お茶を 入れてさしあげました。(我给客人沏了茶。)
わたしは 弟に 手帳を やりました。(我给了弟弟记事本。)
子どもに 本を 読んでやりました。(读书给孩子（听）。)

くださいます。／～てくださいます。

《基本文》
1 先生が この本を くださいました。(老师给了我这本书。)
2 先生が 作文を 見てくださいました。(老师帮我看了作文。)

練習

1 例；先生が わたしに 本を （くれました）。
　→ 先生が わたしに 本を くださいました。
(1) 先生が わたしに ノートを （くれました）。
(2) 部長が わたしに 旅行のお土産を （くれました）。
(3) 校長先生が 学生たちに 記念品を （くれました）。
(4) 上司の奥さんが わたしに セーターを （くれました）。

2 例1；ノート（友だち） → 友だちが ノートを くれました。
　例2；本（先生）　　 → 先生が 本を くださいました。
(1) 自転車（ワンさんのお父さん）　(2) 子どものベッド（主任）
(3) ボールペン（兄）　　　　　　　(4) お花（となりの奥さん）
(5) プレゼント（彼）　　　　　　　(6) 立派な絵（部長）

3 例；作文を 見る（先生）→ 先生が 作文を 見てくださいました。
(1) レポートを 直す（教授）
(2) パソコンの使い方を 教える（課長）
(3) セーターを 編む（道子さんのお母さん）
(4) 写真を 撮る（課長）

4 例1；本を 貸す（友だち）→ 友だちが 本を 貸してくれました。
　例2；作文を 見る（先生）→ 先生が 作文を 見てくださいました。
(1) 論文を 直す（教授）　　　　(2) 引越しを 手伝う（友だち）
(3) 花を いける（先生）　　　　(4) わたしの絵を 描く（画家）
(5) 漢字の書き方を 教える（友だちの加藤くん）
(6) 手袋を 編む（道子さんのお母さん）

いただきます。／～ていただきます。

《基本文》
1　わたしは　先生に　本を　いただきました。（我从老师那里得到了书。）
2　教授に　論文を　直していただきました。（我请教授帮我改了论文。）

練習

1　例；わたしは　先生に　本を　（もらいました）。
　　→　わたしは　先生に　本を　いただきました。
(1) わたしは　先生に　ノートを　（もらいました）。
(2) わたしは　部長に　ネクタイを　（もらいました）。
(3) わたしは　店長に　この絵を　（もらいました）。
(4) わたしは　社長に　万年筆を　（もらいました）。

2　例1；ノート（友だち）→　わたしは　友だちに　ノートを　もらいました。
　　例2；本（先生）　　→　わたしは　先生に　本を　いただきました。
(1) ボールペン（妹）　　　　　(2) 万年筆（部長）
(3) かばん（兄）　　　　　　　(4) お花（先輩）
(5) この絵（社長）　　　　　　(6) テレビゲーム（友だちのワンさん）

3　例；先生が　作文を　見る。→わたしは　先生に　作文を　見ていただきました。
(1) 教授が　論文を　直す。　　　　(2) 上司が　旅行の写真を　見せる。
(3) 店長が　パソコンの使い方を　教える。　(4) 先生のご家族が　東京を　案内する。

4　例1；本を　貸す（友だち）→　友だちに　本を　貸してもらった。
　　例2；作文を　見る（先生）→　先生に　作文を　見ていただいた。
(1) 地図を　書く（弟）　　　　(2) 発表会で　司会を　する（先輩）
(3) お土産を　送る（課長）　　(4) 絵を　描く（姉）
(5) 写真を　撮る（主任）　　　(6) ビデオを　貸す（友だちの今井くん）

第15課

さしあげます。 ／～てさしあげます。

《基本文》
1 わたしは 先生に ケーキを さしあげました。（我给了老师蛋糕。）
2 わたしは お客様に お茶を 入れてさしあげました。
（我给客人沏了茶。）

練習

1 例；わたしは 先生に ケーキを （あげました）。
  → わたしは 先生に ケーキを さしあげました。
 (1) わたしは お客様に お茶を （あげました）。
 (2) わたしは 山田先生に 果物を （あげました）。
 (3) わたしは 先生の奥様に 本を （あげました）。
 (4) わたしは お客様に 会社のパンフレットを （あげました）。

2 例1；ノート（友だち）   → 友だちに ノートを あげました。
  例2；本（先生）   → 先生に 本を さしあげました。
 (1) 花（先生）   (2) クッキー（祖母）
 (3) 写真（課長）   (4) マンガ（クラスメート）

3 例；わたしは 先生に クッキーを （作りました）。
  → （わたしは）先生に クッキーを 作ってさしあげました。
 (1) わたしは お客様に お茶を 入れました。
 (2) 上司の奥様に 果物を （送りました）。
 (3) わたしは 先生の机を （運びました）。
 (4) わたしは 部長の荷物を （持ちました）。
 (5) お客様を 校長室に （案内しました）。
 (6) お客様を 駅まで （送りました）。

4 例1；本を　貸す（友だち）　→友だちに　本を　貸してあげました。
　例2；クッキーを　作る（先生）　→先生に　クッキーを　作ってさしあげました。
　(1) 家までの地図を　書く（友だち）　(2) おいしい紅茶を　入れる（部長）
　(3) 手袋を　編む（姉）　(4) お菓子を　出す（お客様）

対話

A：山本さん、ちょっとお客様にお茶を入れてさしあげて。
B：はい、わかりました。

入れ替えよう

社内を案内して
資料をコピーして

ワンさんから山田先生へのメール

ワンさんは山田先生にメールを書きました。メールの文を、「ていただく、てくださる、てさしあげる」などの敬語の表現を使ってなおしてください。

山田先生
　この前は日本の映画のビデオを貸してくれてありがとうございました。寮の友だちと一緒に見て、とてもおもしろかったです。それから、昨日、先生に教えてもらった日本料理を作ってみました。わたしの友だちはその料理を食べて、おいしいと言いましたが、わたしはよくわかりませんでした。今度、もう一度作り方を教えてくれませんか。お願いします！
　夏休みなので、来週から国へ帰る予定です。夏休みの後で、先生にあげたいものがあります。わたしが好きな中国のお菓子です。楽しみにしていてください。
　それではまたメールを書きます。
　　　　　　　　　　　　　　　　　　　　　　　　　　　ワン

やります。／～てやります。

《基本文》
1 わたしは 弟に 手帳を やりました。（我给了弟弟记事本。）
2 子どもに 本を 読んでやりました。（读书给孩子（听）。）

練習

1 例；わたしは 弟に 手帳を （あげました）。
 → わたしは 弟に 手帳を やりました。
 (1) わたしは 妹に CDを （あげました）。
 (2) わたしは 犬に エサを （あげました）。
 (3) わたしは 赤ちゃんに ミルクを （あげました）。
 (4) わたしは 花に 水を （あげました）。

2 例1；本（友だち） → 友だちに 本を あげました。
 例2；ノート（弟） → 弟に ノートを やりました。
 (1) 牛乳（猫）
 (2) わたしが 読んだ本（友だち）
 (3) わたしが 作ったおやつ（子どもたち）
 (4) 肥料（植木）

3 例；本を 読む（子ども） → わたしは 子どもに 本を 読んでやりました。
 (1) ピアノを 教える（妹） (2) 自転車を 買う（娘）
 (3) 歌を うたう（子どもたち） (4) 紙飛行機を 作る（弟）

4 例1；先生に 地図を (書く)。→ 先生に 地図を 書いてさしあげました。
　例2；祖父に 地図を (書く)。→ 祖父に 地図を 書いてあげました。
　例3；息子に 地図を (書く)。→ 息子に 地図を 書いてやりました。

(1) わたしは 姉に さいふを (プレゼントする)。
(2) 子どもたちに お弁当を (作る)。
(3) わたしは 部長に お茶を (入れる)。
(4) 祖母に お菓子を (持っていく)。
(5) 息子に テレビゲームを (買う)。
(6) 上司に おいしいお店を (紹介する)。
(7) 友だちを 駅まで (送る)。
(8) わたしは 子どもを 遊園地に (連れていく)。
(9) 先生の かばんを (持つ)。

対話

1　A：荷物が重かったら、持ってやるよ。
　　B：あ、いい。大丈夫。

入れ替えよう
勉強がわからない　—　教える
小銭がない　　　　—　貸す

2　A：お母さん、ゾウにお菓子をやってもいい？
　　B：だめよ。あそこに、エサをやらないでください
　　　　と書いてあるでしょう。

入れ替えよう
サル　—　バナナ
馬　　—　にんじん

会話

1
　　A：すてきなティーカップですね。
　　B：ええ、田中さんにいただいたんです。
　　A：いい色ですね。
　　B：ドイツの市場で見つけたそうですよ。
　　A：ああ、ドイツですか。色も形もいいですね。

2
　　A：ずいぶん古い絵本ですね。
　　B：ええ、娘が子どもの時によく読んでやった本です。
　　A：今でも持っているんですか。
　　B：娘は、もう覚えていないかもしれませんね。
　　A：じゃ、見せてあげたら、いかがですか。
　　B：そうですね。今度、見せてやりましょう。

3
　　A：昨日、同窓会があって、ひさしぶりにみんなに会いました。
　　B：いいですね。先生もクラスメートも元気でしたか。
　　A：ええ。実は、小学校の時、先生に似顔絵を描いてさしあげたんです。
　　　それを先生は、今でも、大切にしてくださっていました。
　　B：それは、うれしいですね。
　　A：ええ、本当に、うれしかったです。

豆知識　小知识

　　日本人は、世界で一番お風呂の好きな民族だと言われています。このことは、日本の気候や日本に温泉がたくさんあることなどと関係があるようです。日本では、温泉や銭湯に入る際、着ているものを全部脱いで、洗い場でよく体を洗ってから湯船に浸かるのがマナーだとされています。また、水着着用に関しては、スパなど着用が認められている場所以外、水着で湯船に浸かるのはタブーで、タオルを湯船につけるのもマナーに反します。

　　日本人被称为世界上最喜欢泡澡的民族。这似乎和日本的气候，以及其拥有大量温泉等有关系。在日本，进入温泉或公共浴室时，脱光衣物并在沐浴处洗净身体后入浴是一种基本礼仪。另外，除了SPA等允许着衣的场所，穿泳衣泡澡被视为禁忌，将毛巾带入浴池也是有违常识的。

第 16 課 （您）请坐。
どうぞ お座りください。

先生は もう この本を 読まれましたか。（老师已经读了这本书了吗?）
お手紙、ありがとうございます。（感谢（您的）来信。）
どうぞ お座りください。（(您)请坐。）
お客様は さきほど お帰りになりました。（客人刚才回去了。）
右手を ご覧ください。（请看您的右手边。）

～れます。／～られます。　尊敬（そんけい）

《基本文（きほんぶん）》
先生（せんせい）は　もう　この本（ほん）を　読（よ）まれましたか。（老师已经读了这本书了吗？）

練習

1　例（れい）；本（ほん）を　読（よ）みます。→　本（ほん）を　読（よ）まれます。
  (1) 電話（でんわ）を　かけます。
  (2) みなさんに　話（はな）します。
  (3) 今日（きょう）は　来（き）ます。
  (4) タクシーで　帰（かえ）ります。
  (5) うちを　出（で）ます。
  (6) すぐに　戻（もど）ります。
  (7) 手紙（てがみ）を　書（か）きます。
  (8) うちで　過（す）ごします。

2　例（れい）；山田先生（やまだせんせい）は　もう　帰（かえ）りました。→　山田先生（やまだせんせい）は　もう　帰（かえ）られました。
  (1) 部長（ぶちょう）が　お客様（きゃくさま）の前（まえ）に　（座（すわ）りました）。
  (2) 学長（がくちょう）が　先（さき）に　（あいさつしました）。
  (3) このケーキは　社長（しゃちょう）の奥様（おくさま）が　（作（つく）りました）。
  (4) 先生（せんせい）は　必（かなら）ず　時間（じかん）を　（守（まも）ります）。
  (5) 部長（ぶちょう）は　あしたから　九州（きゅうしゅう）へ　（出張（しゅっちょう）します）。
  (6) 先生（せんせい）は　もう　学校（がっこう）を　（出（で）ました）。

3　例（れい）；部長（ぶちょう）は　いつも　そのことを　（話（はな）しています）。
  →　部長（ぶちょう）は　いつも　そのことを　話（はな）されています。
  (1) 社長（しゃちょう）は　毎日（まいにち）　ジョギングを　（しています）。
  (2) 先生（せんせい）は　毎日（まいにち）　学生（がくせい）の　論文（ろんぶん）を　（読（よ）んでいます）。
  (3) 課長（かちょう）は　いつも　休（やす）みに　ゴルフを　（しています）。
  (4) 先生（せんせい）は　今（いま）　電話（でんわ）で　（話（はな）しています）。
  (5) 財布（さいふ）を　（落（お）とした）方（かた）は　どなたですか。
  (6) 長年（ながねん）　勤（つと）めた会社（かいしゃ）を　（辞（や）めた）そうです。
  (7) 先生（せんせい）が　そんなことを　（する）はずが　ありません。

4

Ⅰグループ

例；言います → 言われます

(1) 買います → _____
(2) 思います → _____
(3) 書きます → _____
(4) 驚きます → _____
(5) 過ごします → _____
(6) 待ちます → _____
(7) 死にます → _____
(8) 喜びます → _____
(9) 休みます → _____
(10) 戻ります → _____

Ⅱグループ

(1) 降ります → _____
(2) 出ます → _____
(3) 着替えます → _____
(4) 続けます → _____

Ⅲグループ

(1) します → _____
(2) 卒業します → _____
(3) 遠慮します → _____
(4) 握手します → _____
(5) 来ます → _____

対話

A：部長、いつ引越されるんですか。
B：今月末には、引越したいんだが。工事が遅れているので、無理かもしれない。

入れ替えよう

旅行します ― 来月 ― 仕事が片づかない

活用の作り方　動詞

Ⅰグループ

ます形	作り方	尊敬語
言います	い→わ＋れます	言われます
聞きます	き→か＋れます	聞かれます
つぎます	ぎ→が＋れます	つがれます
話します	し→さ＋れます	話されます
待ちます	ち→た＋れます	待たれます
死にます	に→な＋れます	死なれます
呼びます	び→ば＋れます	呼ばれます
読みます	み→ま＋れます	読まれます
帰ります	り→ら＋れます	帰られます

Ⅱグループ

ます形	尊敬語
食べます	食べられます
起きます	起きられます

Ⅲグループ

ます形	尊敬語
します	されます
来ます	来られます

第16課

お〜／ご〜

《基本文》
1 お手紙 ありがとうございます。（感谢（您的）来信。）
2 ご意見は ありませんか。((您)有什么意见吗？)
3 どうぞ お座りください。((您)请坐。)
4 ご注意ください。（请（您）注意。）

練習

1 例1；花 → お花　　例2；趣味 → ご趣味
(1) 名前　(2) 弁当　(3) 席　(4) 一人
(5) 経験　(6) 近所　(7) 意見　(8) 家族

2 例；花 → お花、ありがとうございます。
(1) 手紙　(2) あいさつ　(3) 気持ち　(4) 連絡

3 例1；座ります。 → お座りください。
　例2；注意します。 → ご注意ください。
(1) 急ぎます。　(2) 答えます。　(3) 話します。　(4) 書きます。
(5) 遠慮します。(6) 用意します。(7) 相談します。(8) 出席します。

4 例；こちらに（名前）を（書いて）ください。
　　→ こちらに お名前を お書きください。
(1) 先生の（趣味）は 何ですか。
(2) 貴重な（意見）を ありがとうございます。
(3) すみません。（荷物）は（自分）で（持って）ください。
(4) A：入ってもいいですか。
　　B：すみません。会員ではない方は（遠慮）ください。
(5) A：あしたの（都合）は いかがですか。
　　B：午前中は 用事が あるのですが、午後は ひまです。

お～になります。／ご～になります。

《基本文》
1　お客様は　さきほど　お帰りになりました。（客人刚才回去了。）
2　大使は　来月　ご帰国になります。（大使下个月回国。）

練習

1　例；読みます　→　お読みになります
　(1) 話します　　(2) 忘れます　　(3) 泊まります
　(4) 使います　　(5) 待ちます　　(6) 決まります
　(7) 開けます　　(8) 続けます　　(9) かけます

2　例；欠席します　→　ご欠席になります
　(1) 予約します　　(2) 卒業します　　(3) 出発します
　(4) 到着します　　(5) 利用します　　(6) 注文します
　(7) 乗車します　　(8) 使用します　　(9) 出席します

3　例；もう　(帰りました)。→　もう　お帰りになりました。
　(1) 夕方　(戻ります)。　　　　(2) そちらを　(選びました)。
　(3) いつも　これを　(使います)。　(4) この上に　(のせました)。

4　例；山田先生は　もう　(着いた)　→　山田先生は　もう　お着きになりました。
　(1) 有名な作家が　この旅館に　(泊まった)。
　(2) 田中社長は　7時の飛行機で　ニューヨークへ　(出発した)。
　(3) 山本さんの息子さんは　来年　大学を　(卒業する)。
　(4) N社が　新作を　発表するという話を　新聞で　(読んだ)か。
　(5) まだ　だいぶ　かかりますが、(待つ)か。
　(6) 社長は　今夜のパーティーに　(出席する)。
　(7) A：あの会社が　新製品を　開発するらしいね。
　　　B：もう　(聞いた)か。

第16課

尊敬表現

《基本文》

1 どうぞ 召し上がってください。（请用（吃/喝）吧。）
2 先生は まだ 教室に いらっしゃいます。（老师还在教室里。）
3 もうすぐ 先生が いらっしゃいます。（老师马上就到。）
4 先生は いつも そう おっしゃっていました。（老师总是那么说的。）
5 右手を ご覧ください。（请看您的右手边。）
6 ご注文は 何に なさいますか。（您点些什么？）
7 部長、会議の時間を ご存じですか。（部长，会议的时间您知道吗？）

練習

1 例；します → なさいます
 (1) 言います (2) います (3) 行きます
 (4) 来ます (5) 食べます (6) 飲みます
 (7) 知っています (8) 見ます (9) 見てください

2 例；部長は あした 急な用事が あると（言った）。
 → 部長は あした 急な用事が あるとおっしゃいました。
 (1) 先生は この映画を もう（見た）か。
 (2) 社長のお嬢さんは 去年 東京大学を 卒業（した）。
 (3) 夕飯は 何を（食べる）か。
 (4) A：お客様は まだ（いる）か。
   B：いいえ、もう 帰られましたよ。
 (5) A：先生は あした 浅草に（行く）か。
   B：はい、行くつもりです。
 (6) A：主任は いつも 朝早く（来る）んですね。
   B：ああ、ラッシュが いやだからね。
 (7) A：先生が 今まで（見た）映画の中で 何が 一番 お好きですか。
   B：そうだねえ、何が よかったかなあ。

(8) A：どうぞ　うちで　夕食を　(食べて)　ください。

　　B：ありがとうございます。でも、さっき　食べたばかりなんです。

(9) よく　聞こえませんでした。すみません、もう　一度　(言って)　ください。

(10) A：おいしいワインが　あるんですが、(飲み)ませんか。

　　B：いいですね。

(11) 右手を　(見て)　ください。あれが　東京タワーです。

(12) A：ご注文は　何に　(する)か。

　　B：ビールと枝豆を　お願いします。

(13) A：課長は　出発の時間を　(知っている)か。

　　B：はい、さきほど　課長に　日程表を　さしあげました。

(14) A：もう　(食べない)んですか。

　　B：ええ、もう　おなかが　いっぱいになりました。

　　　　おいしかったので、食べすぎてしまいました。

(15) わたしは　まだ　仕事が　残っていますから、

　　皆さん　どうぞ　先に　(行って)　ください。

対話

1

　A：先生は、いらっしゃいますか。
　B：先生なら、帰られましたよ。
　A：そうですか、わかりました。また、あした来ます。

入れ替えよう

部長　—　出かけられました　—　あとで
田中さん　—　会社へ戻られました　—　今度

2

　A：お風邪ですか。
　B：ええ、少し熱があるようです。
　A：あまりご無理なさらないでください。
　B：ええ、ありがとうございます。

入れ替えよう

大丈夫ですか　—　ちょっと調子が悪いんです
どこか悪いんですか　—　なんだか体がだるいんです

会話

1
A:今度のお正月は、国へお帰りになりますか。
B:はい、そのつもりです。
A:いつ日本へお戻りになりますか。
B:1月7日の予定です。

2
A:家族でヨーロッパ旅行に行きたいんですが。
B:いつごろのご予定ですか。
A:春…、3月末から4月ごろです。今からでも、予約できますか。
B:ええ、こちらの窓口で、ご予約できますよ。
A:じゃあ、今日予約しようかな。
B:それでは、詳しいパンフレットなど、ご覧になりますか。
A:ええ、お願いします。

第17課 这把伞是问田中先生借的。

この傘は　田中さんに　お借りしました。

> この傘は　田中さんに　お借りしました。（这把伞是问田中先生借的。）
> わたしが　先生のお荷物を　お持ちいたします。（我帮老师拿行李。）
> わたくしは　ワン　ミン　と申します。（我叫王明。）

お～します。／ご～します。

《基本文》
1　この傘は　田中さんに　お借りしました。（这把伞是问田中先生借的。）
2　来月の結婚式に　お二人を　ご招待します。（请二位参加下个月的婚礼。）

練習

1　例；借ります　→　お借りします

(1) 会います　　　　(2) 調べます　　　　(3) 預けます
(4) 待ちます　　　　(5) 祈ります　　　　(6) 届けます
(7) 預かります　　　(8) 送ります　　　　(9) 貸します

2　例；案内します→　ご案内します

(1) 用意します　　　(2) 予約します　　　(3) 紹介します
(4) 説明します　　　(5) 報告します　　　(6) 相談します
(7) 連絡します　　　(8) 準備します　　　(9) 招待します

3　例；この傘は　田中さんに　（借りました）。

→　この傘は　田中さんに　お借りしました。

(1) 会議室へ　資料を　（持ちます）。　　(2) あの辞書は　田中さんに　（貸しました）。
(3) 合格することを　（祈ります）。　　　(4) 荷物は　先週　（送りました）。
(5) 飛行機の空席を　（調べます）。　　　(6) 先月　高校の先生に　（会いました）。

4　例；わたしが　課長のチケットも　（予約します）。

→　わたしが　課長のチケットも　ご予約します。

(1) 東京の観光地を　（案内します）。　　(2) こちらから　（紹介します）。
(3) 資料は、こちらで　（用意します）。　(4) 新しい商品を　（説明します）。
(5) 3泊5日　ハワイ旅行に　（招待します）。(6) 詳しいことは　後で　（報告します）。

5　例；その本は　課長に　(借りた)。
　　　　→　その本は　課長に　お借りしました。

(1) 材料は　あしたまでに　(用意する)。
(2) お誕生日に　間に合うように　(送る)。
(3) いい先生を　(紹介する)。
(4) あした、彼の　ご両親に　(会う)。
(5) とても　難しい問題なので、課長に　(相談した)。
(6) 貴重品は　フロントで　(預かる)。
(7) あした　(渡す)ので、もう一度　いらっしゃってください。
(8) 新幹線の　切符は　まだですが、旅館は　もう　(予約した)。

対話

1　A：いつまでにお届けしましょうか。
　　B：できれば金曜日までにお願いします。
　　A：では、こちらにお届け先のご住所をお書きください。
　　B：会社の住所でもいいですか。
　　A：はい、結構です。

入れ替えよう

ご連絡　—　あしたの昼　—　ご連絡　—　電話番号　—　携帯

2　A：大学の願書がほしいんですが。
　　B：ではこちらに、ご住所をお書きください。
　　　　郵便でお送りします。

入れ替えよう

これと同じもの　—　お名前
　　　—　後でお届けします

お～いたします。　／ご～いたします。

《基本文》
1　わたしが　先生のお荷物を　お持ちいたします。（我帮老师拿行李。）
2　新しい先生を　ご紹介いたします。（我来介绍一下新老师。）

練習

1　例；届ける　→　お届けします　→　お届けいたします
(1) 会う　　　　(2) 送る　　　　(3) 貸す
(4) 預かる　　　(5) 祈る　　　　(6) 待つ
(7) 答える　　　(8) 調べる　　　(9) 預ける

2　例；案内を　する　→　ご案内を　します　→　ご案内を　いたします
(1) 説明を　する　　　　(2) 報告を　する
(3) あいさつを　する　　(4) 用意を　する

3　例；出席する　→　出席いたします
(1) 欠席する　　(2) 遅刻する　　(3) 失礼する

4　例；案内する　→　案内いたします　→　ご案内いたします
(1) 説明する　　(2) 報告する　　(3) 協力する
(4) 遠慮する　　(5) 紹介する　　(6) あいさつします
(7) 用意します　(8) 連絡します　(9) 招待します

5　例1；(荷物) は　わたしが　(持ちます)。
　　→　お荷物は　わたしが　お持ちいたします。
　例2；わたしたちも　できるだけ　(協力します)。
　　→　わたしたちも　できるだけ　ご協力いたします。
(1) 今から　(名前) を　(呼びます)。

(2) あとで こちらから (電話) を (します)。
(3) 空席が あるかどうか、急いで (調べます)。
(4) そろそろ (失礼します)。
(5) 資料は わたしたちが (運びます)。
(6) 昨日の会議で 決まったことを (報告します)。
(7) みなさんに 新しい先生を (紹介します)。
(8) わたしが お客様を 駅まで (送ります)。
(9) 向こうに つきましたら、すぐ (連絡します)。
(10) 質問には わたしが (答えます)。
(11) 料理教室で 使うものは すべて こちらで (用意します)。
(12) これは 今日中に (届けます)。
(13) 入場券は 今週中に 郵便で (送ります)。

対話

A：大学の願書がほしいんですが。
B：では、郵便でお送りいたしますので、
　　お名前とご住所をこちらにお書きください。

入れ替えよう

この冷蔵庫 — 来週お届けいたします
このテレビ — 後で配達いたします

謙譲表現

《基本文》

1 わたくしは ワン ミン と申します。(我叫王明。)
2 あした、9時までに 参ります。(我明天九点前到。)
3 放課後、先生のところへ うかがいます。(下课后，我去拜访老师。)
4 その資料のことは わたしが 存じております。(那份资料的事情我知道。)
5 その写真は この前 拝見しました。(那张照片之前拜阅了。)
6 どうぞ よろしく お願いいたします。(请您多多关照。)

練習

1 例；言います → 申します

(1) います (2) します (3) 行きます (4) 来ます
(5) 訪問します (6) 聞きます (7) 食べます (8) 飲みます
(9) 会います (10) 見ます (11) 知っています (12) 知りません

2 例；わたしは スタットと (言います)。
　　　→ わたしは スタットと 申します。

(1) 去年 タイから (来た)。 (2) 今、アジア貿易で 働いて (いる)。
(3) どうぞ よろしく お願い (する)。 (4) 何も (しない)。
(5) ご家族に (会った)。 (6) 結婚式の写真を (見た)。
(7) あした、京都へ (行く)。 (8) ビールを (飲む)。
(9) そのことは (知っている)。 (10) 先生のお誕生日は (知らなかった)。
(11) 次の日曜日は ずっと 家に (いる)。
(12) あした (訪問したい) んですが、よろしいですか。
(13) お名前を (聞いても) よろしいですか。
(14) たくさん (食べた) ので、もう おなかが いっぱいです。

3 例：わたくしは　ワン　ミン　と　申します。

(1) A：ご主人、転勤なさるそうですね。どちらへ？
B：大阪の方へ _____ 。

(2) A：山田先生の絵を　もう　ご覧になりましたか。
B：いいえ、まだ _____ が　ないんです。

(3) A：娘さんは　先生のお宅へ　いらっしゃったことが　ありますか。
B：いいえ、_____ が　ないと思います。

(4) A：では、先生のお宅まで　どうやって行くか　ご存じないですね。
B：ええ、_____ 。

(5) A：これ　少ないですけど　召し上がってください。
B：まあ、どうも　ありがとうございます。_____ 。

(6) A：冷たい麦茶、どうぞ。
B：では、_____ 。

例：言います　　知りません　　飲みます　　見たこと
食べます　　行きます　　行ったこと

対話

A：工場見学のご用意ができましたので、
　　どうぞこちらにお並びください。
B：話題の新車も拝見できますか。
A：はい、ご覧いただけます。後で、ご案内いたします。

入れ替えよう

学校見学 ― 図書室

第17課

敬語のまとめ

尊敬語	動詞	謙譲語
なさいます	します	いたします
いらっしゃいます	います	おります
	聞きます・たずねます 行きます・来ます	（目上の人に/の所へ）うかがいます
いらっしゃいます	行きます・来ます	まいります
おっしゃいます	言います	申します
ご存じです	知っています	存じております
召し上がります	食べます・飲みます	いただきます
	もらいます	いただきます
ご覧になります	見ます	拝見します
	会います	（目上の人に）お目にかかります
くださいます	くれます	

会話

A：何名様ですか？
B：二人です。
A：どうぞ、ご案内いたします。
B：すみません、メニューが日本語でよくわかりません。
A：失礼いたしました。英語のメニューをお持ちいたしましょうか。
B：お願いします。

第18課 这是（一种）叫做绣球花的花。

これは アジサイという花です。

午後になって 雨が 降りはじめました。（到了下午，开始下雨了。）
トンネルを 出ると、目の前に 海が 見えました。
（出了隧道，眼前出现了大海（看到了大海）。）
これは アジサイという花です。（这是（一种）叫做绣球花的花。）

複合動詞

《基本文》
1 午後になって、雨が 降りはじめました。（到了下午，开始下雨了。）
2 もう 食べおわったんですか。（已经吃完了吗?）
3 走りつづけたので、のどが かわきました。（因为一直在跑，所以口渴了。）

練習

1 例；降る＋はじめる → 降りはじめる
 (1) 動く＋はじめる (2) 泣く＋はじめる (3) 書く＋はじめる
 (4) 話す＋はじめる (5) 食べる＋はじめる (6) する＋はじめる

2 例；食べる＋おわる → 食べおわる
 (1) 洗う＋おわる (2) 書く＋おわる (3) 飲む＋おわる
 (4) 読む＋おわる (5) 見る＋おわる (6) する＋おわる

3 例；走る＋つづける → 走りつづける
 (1) 通う＋つづける (2) 歩く＋つづける (3) 飲む＋つづける
 (4) 降る＋つづける (5) かける＋つづける (6) する＋つづける

4 例；雨が （降る）はじめたので、走って 帰った。
 → 雨が 降りはじめたので、走って 帰った。
 (1) 母親に しかられて、子どもは 大声で （泣く）はじめた。
 (2) 早く （書く）おわった人は 先に 帰ってもいいですよ。
 (3) パソコンを （見る）つづけていたら、目が 痛くなった。
 (4) （泣く）つづけていた赤ちゃんが （眠る）はじめた。
 (5) この本、もう （読む）おわったので、貸してあげるよ。
 (6) 駅前の英会話スクールに （通う）はじめて、もう 3か月たった。

(7) （通う）つづけることが 大切なんだ。
(8) （勉強する）はじめたと思ったら、もう 寝ている。
(9) （読む）おわった本を 図書館に 返した。
(10) 毎日 お酒を （飲む）つづけると 体に よくない。

対話

1
　A：テレビを見ながら、宿題するのはやめなさい。
　B：えーっ。
　A：宿題をやってから、テレビを見たほうがいいでしょ。
　B：じゃ、テレビを見おわってから、宿題するよ。
　A：……。

―― 入れ替えよう ――
英会話のテープを聞きながら、マンガを読む ―
テープを聞きおわってから、マンガを読んだ ―
マンガを読みおわってから、テープを聞くよ ―

2
　A：昨日、彼女とデートしたよ。
　B：いいね！ どこへ行ったの？
　A：プールへ泳ぎに行ったんだ。
　B：天気が良かったから楽しかったでしょう。
　A：うん。いっしょに2時間泳ぎ続けたよ！
　B：…楽しそうだね。

―― 入れ替えよう ――
マンガ喫茶へ行ったんだ ― マンガ喫茶？
　　　― マンガを読み続けた

第18課

～と、…ました。／～と、…た。

《基本文》

1　トンネルを 出ると、目の前に 海が 見えました。
　　　　（出了隧道，眼前出现了大海（看到了大海）。）
2　駅前を 歩いていると、外国の人が 声を かけてきました。
　　　　（走在车站附近时，（没想到）一个外国人跟我搭话了。）
3　玄関のブザーを 押すと、子どもが 出てきました。
　　　　（一按门铃，出来了一个孩子。）
4　夜になると、気温が 急に 下がりました。（到了晚上，气温突然下降了。）

練習

1　例；トンネルを 出ました。目の前に 海が 見えました。
　　　→　トンネルを 出ると、目の前に 海が 見えました。
(1) 角を 曲がりました。郵便局が ありました。
(2) 改札口を 出ました。母が 傘を 持って 立っていました。
(3) ご飯を 食べていました。兄が 帰ってきました。
(4) お風呂に 入っていました。電話が かかってきました。
(5) 赤いボタンを 押しました。信号が 変わりました。
(6) 春に なりました。庭の花が 次々と 咲きました。
(7) 朝に なりました。熱が 下がっていました。

2 例： 駅前を まっすぐ ＿＿行くと＿＿、右側に 青いビルが あった。
　(1) 家で 勉強を ＿＿＿＿＿＿、友だちが 遊びに 来た。
　(2) 名前を ＿＿＿＿＿＿、犬は うれしそうに 走ってきた。
　(3) 5月に ＿＿＿＿＿＿、公園の 花が 咲いた。
　(4) ボタンを ＿＿＿＿＿＿、エレベーターが 動きはじめた。
　(5) 歌が ＿＿＿＿＿＿、子どもは 楽しそうに 踊りはじめた。
　(6) ドアを ＿＿＿＿＿＿、妻や 子どもたちの笑い声が 聞こえた。
　(7) 空港に ＿＿＿＿＿＿、父が 迎えに 来ていた。

> 例：行きました　　なりました　　聞こえました　　開けました
> 　　押しました　　呼びました　　着きました　　　していました

3 例： 家で 寝ていると、地震が ＿＿起きた＿＿。
　(1) 外に 出ると、もう ＿＿＿＿＿＿＿。
　(2) 会場に 着くと、式は もう ＿＿＿＿＿＿＿。
　(3) 暗証番号を 押すと、ドアが ＿＿＿＿＿＿＿。
　(4) 庭で バーベキューを していると、雨が ＿＿＿＿＿＿＿。
　(5) ドアを 開けると、ベルが ＿＿＿＿＿＿＿。
　(6) 昼になると、雪は ぜんぶ ＿＿＿＿＿＿＿。

> 例：起きた　　降ってきた　　始まっていた　　鳴りはじめた
> 　　暗くなっていた　　とけてしまった　　開いた

第18課

～という…

《基本文》
1 これは アジサイという花です。（这是（一种）叫做绣球花的花。）
2 飛行機の到着時間が 遅れるという連絡が 入りました。
（收到了飞机到达时间延迟的联络。）

練習

1 例；これは（花・アジサイ）です。→ これは アジサイという花です。

(1) これは（たばこ・ピース）です。　(2) これは（車・ロールスロイス）です。
(3) あれは（橋・日本橋）です。　(4) あれは（木・松）です。
(5) あの人は（名前・鈴木）です。　(6) この花は（名前・バラ）です。
(7) これは（題名・友情）の映画です。　(8) この川は（名・隅田川）の川です。
(9) あの犬は（名・ポチ）の犬です。　(10) あの星は（名・北極星）の星です。

2 例；わたしは（花・アジサイ）が 好きです。
　　→ わたしは アジサイという花が 好きです。

(1)（映画・タイタニック）を 見たことが ありますか。
(2)（芸術家・岡本太郎）を 知っていますか。
(3)（駅・浅草）は 何線ですか。
(4)（画家・いわさきちひろ）の個展が 来月から 開かれます。
(5)（木・金のなる木）を 友だちから もらった。
(6)（バス停・学園前）で 降りると すぐ前に 学校が あります。

3 例；(知らせ・彼女が 大学に 合格した) を 聞きました。
　　→ 彼女が 大学に 合格したという知らせを 聞きました。

(1)（噂・あの人が 医者になった）を 聞いた。
(2)（メール・今晩 飲みに 行こう）が 入った。
(3) この学校には（規則・制服を 着なければならない）が ある。
(4) さっき、(人・森田さん) から 電話が ありましたよ。

(5) 部長から（連絡・遅くなるから、会議は　始めておいてくれ）が　入っています。
(6) ビール工場の見学で（ビール・来月　発売される）を　飲んだ。

対話

1　A：「太陽の塔」というのをご存じですか。
　　B：ええ、確か岡本太郎という人の作品ですよね。
　　A：ご覧になったことはありますか。
　　B：雑誌でしか、見たことがありません。

― 入れ替えよう ―
「ひまわり」という絵　―　ゴッホという画家

2　A：部長から少し遅れるという連絡が入りました。
　　B：そうか。
　　A：先に始めていてくれとおっしゃっていました。
　　B：じゃ、先に始めよう。

― 入れ替えよう ―
今日は会社を休む　―　会議はあしたにしてくれ
　―　あした10時からにしよう

3　A：ねえねえ、山本さんが結婚するっていう噂を聞いたんだけど。
　　B：うん、秋には結婚式をするっていう話だよ。
　　A：いいなあ…

― 入れ替えよう ―
高田さんが会社を辞める　―　自分の会社を作る
木村さんがアメリカへ留学する　―　一年間、勉強する

やってみよう！

田中さんと警察官の話

田中さんのうちにどろぼうが入ったようです。警察官と田中さんが話しています。

警察官　：田中さん、何時ごろうちへ帰りましたか。
田中さん：6時ごろでした。
警察官　：うちに着いたとき、何か見ましたか。
田中さん：いいえ。でも、ドアを開けたら、部屋の電気がついていました。
警察官　：中にだれかいたんですか。
田中さん：いいえ、だれもいませんでした。
警察官　：部屋の中で何か変わったことは？
田中さん：部屋の中に入ったら、パソコンがなかったんです。その後、すぐ110番に電話しました。
警察官　：そうですか。わかりました。

田中さんの話を聞いて、①から⑤の順番を変えてください。

① 田中さんが部屋の中に入ると、だれもいなかった。
② それで、110番に電話した。
③ 田中さんがうちのドアを開けると、電気がついていた。
④ 田中さんは6時ごろうちに着いた。
⑤ でも、部屋の中を見てみると、パソコンがなかった。

④→（　　）→（　　）→（　　）→（　　）

会話

今　井：フランス語の会話ができるようになったら、今度はイタリア語を勉強しはじめます。
スタット：英会話学校にも通いつづけているでしょう。すごいですね。
今　井：先生がとてもきれいなんです。
スタット：あー、そうですか…。

第19課 今天请允许我早点回家。
今日は 早く 帰らせてください。

先生は 学生に 本を 読ませました。(老师让学生读书。)
母親は 子どもを 買物に 行かせます。(妈妈让孩子去买东西。)
今日は 早く 帰らせてください。(今天请允许我早点回家。)

～せます。／～させます。　使役（1）

《基本文》
1　先生は　学生に　本を　読ませました。（老师让学生读书。）
2　母は　子どもに　テレビを　見させませんでした。
（妈妈没有允许孩子看电视。）

練習

1　例；ごはんを　（食べます）。　→　ごはんを　食べさせます。
　　(1) 本を　（読みます）。　　　　(2) 作文を　（書きます）。
　　(3) 荷物を　（持ちます）。　　　(4) 公園を　（散歩します）。
　　(5) 店を　（手伝います）。　　　(6) 部屋を　（掃除します）。
　　(7) 辞書で　（調べます）。　　　(8) 席を　（立ちます）。
　　(9) パソコンを　（使いません）。　(10) おやつを　（食べません）。

2　例；先生「本を　読みましょう」→学生が　本を　読んだ。
　　→　先生は　学生に　本を　読ませました。
　　(1) 先生「作文を　書きましょう」→学生が　作文を　書いた。
　　(2) 校長先生「日本語で　自己紹介を　しましょう」
　　　　→みんなが　日本語で　自己紹介を　した。
　　(3) コーチ「校庭を　走れ」→選手が　校庭を　走った。
　　(4) コーチ「トレーニングを　しろ」→選手が　トレーニングを　した。
　　(5) 部長「書類を　コピーしてください」→秘書が　書類を　コピーした。
　　(6) 課長「資料を　集めてください」→部下が　資料を　集めた。
　　(7) 母親「にんじんを　食べなさい」→子どもが　にんじんを　食べた。
　　(8) 兄「僕のパソコンを　使わないでくれよ」→弟が　パソコンを　使わなかった。

3　例；好き嫌いを　しないように、母親は　（子どもが　野菜を　食べる）。
　　→　好き嫌いを　しないように、母親は　子どもに　野菜を　食べさせる。
　　(1) いつでも　連絡が　とれるように、母親は　（子どもが　携帯を　持つ）。
　　(2) 土曜と日曜は　店が　忙しいので　両親は　（わたしが　店を　手伝う）。

(3) わたしの学校では 日本語が 早く 上手になるように、
先生は (学生が 日本語で 日記を 書く)。
(4) 部長は 「君が 入れてくれたお茶が 一番 おいしい」と言って、
毎朝 (わたしが お茶を 入れる)。
(5) 将来のことを 考えて 父親は (息子が 英語を 習った)。
(6) 父は 空港へ 行くとき、(兄が 車を 運転した)。
(7) お酒は 体に 悪いので、医者は (患者が お酒を 飲まない)。
(8) おじいさんが 電車に 乗ってきたので 父は (ぼくが 席を 立った)。

4　Ⅰグループ

例；笑います　→　笑わせます
(1) 手伝います　→　_____
(2) 泣きます　→　_____
(3) 歩きます　→　_____
(4) 思い出します　→　_____
(5) 待ちます　→　_____
(6) 選びます　→　_____
(7) 遊びます　→　_____
(8) 包みます　→　_____
(9) 飾ります　→　_____
(10) 折ります　→　_____

Ⅱグループ

(1) 調べます　→　_____
(2) 食べます　→　_____
(3) 集めます　→　_____
(4) 見ます　→　_____

Ⅲグループ

(1) します　→　_____
(2) 結婚します　→　_____
(3) 見学します　→　_____
(4) 招待します　→　_____
(5) 来ます　→　_____

活用の作り方　動詞

Ⅰグループ

ます形	作り方	使役形
買います	い → わ	買わせます
書きます	き → か	書かせます
急ぎます	ぎ → が	急がせます
消します	し → さ	消させます
待ちます	ち → た	待たせます
死にます	に → な	死なせます
呼びます	び → ば	呼ばせます
読みます	み → ま	読ませます
取ります	り → ら	取らせます

Ⅱグループ

ます形		使役形	
食べ	ます	食べ	させます
起き	ます	起き	させます

Ⅲグループ

ます形	使役形
します	させます
来ます	来させます

第19課

～せます。／～させます。 使役（2）

《基本文》
1 みんなを 笑わせます。（逗大家笑。）
2 母親は 子どもを 買物に 行かせます。（妈妈让孩子去买东西。）

練習

1 例；みんなが 笑います。→ みんなを 笑わせます。
(1) 子どもが 泣きます。　　　　(2) 父が 怒ります。
(3) 観客が 感動します。　　　　(4) 友だちが びっくりします。
(5) 両親が 安心します。　　　　(6) 先生が がっかりします。

2 例；子どもが 買物に 行きます。→ 子どもを 買物に 行かせます。
(1) 社員が 日曜日も 働きます。　　(2) 息子が アメリカへ 留学します。
(3) 子どもが お風呂に 入ります。　(4) 鈴木さんが 大阪に 転勤します。
(5) 部下が 九州へ 出張します。　　(6) 妹が 家で 遊びます。
(7) 佐藤さんが うちへ 帰ります。　(8) 弟が 郵便局へ 行きます。

3 例；「買物に 行きます」母親→子ども
　→ 母親は 子どもを 買物に 行かせます。
(1)「家へ 帰りました」先生→佐藤さん　　(2)「長崎に 出張します」部長→鈴木さん
(3)「パリへ 留学しました」父親→息子　　(4)「家の外で 遊びます」姉→犬
(5)「お風呂に 入ります」母親→子ども　　(6)「毎晩 遅くまで 働きます」社長→社員
(7)「笑います」スタットさん→みんな　　(8)「がっかりしました」わたし→両親
(9)「コンビニへ 行きます」姉→弟　　　　(10)「駅へ 急ぎます」友だち→わたし

4 例；夕方 忙しかったので、母親は **子どもを　買物に　行かせました。**

(1) スタットさんは、いつも おもしろいことを 言って、＿＿＿＿＿＿＿＿＿＿＿＿＿＿＿。
(2) 父親は 子どもの将来を 考えて、＿＿＿＿＿＿＿＿＿＿＿＿＿＿＿。
(3) わたしは 父の大切な花瓶を 壊してしまって、＿＿＿＿＿＿＿＿＿＿＿＿＿＿＿。
(4) 今日は 雨なので、＿＿＿＿＿＿＿＿＿＿＿＿＿＿＿。
(5) 仕事で、家族旅行に 行けなくなって、＿＿＿＿＿＿＿＿＿＿＿＿＿＿＿。
(6) 「遅刻するから」と言って 友だちは ＿＿＿＿＿＿＿＿＿＿＿＿＿＿＿。
(7) 朝ねぼうを してしまったので、＿＿＿＿＿＿＿＿＿＿＿＿＿＿＿。
(8) 長かった髪を 突然 短く 切って、＿＿＿＿＿＿＿＿＿＿＿＿＿＿＿。
(9) あの会社は 昼も夜も ＿＿＿＿＿＿＿＿＿＿＿＿＿＿＿。
(10) 切手が なくなったので、父は ＿＿＿＿＿＿＿＿＿＿＿＿＿＿＿。
(11) 課長が 今度の会議に 出席できないので、＿＿＿＿＿＿＿＿＿＿＿＿＿＿＿。
(12) 兄弟げんかを して、ぼくは ＿＿＿＿＿＿＿＿＿＿＿＿＿＿＿。
(13) 子どものときは やんちゃで、＿＿＿＿＿＿＿＿＿＿＿＿が、大人になって
　　 就職も 結婚も うまくいって、＿＿＿＿＿＿＿＿＿＿＿＿ことが できました。

例；子どもが 買物に 行った

ぼくが 郵便局へ 行った　　　　　みんなが 笑った
二人の息子が カナダへ 留学した　　父が 怒ってしまった
友だちが びっくりした　　　　　　子どもが 家の中で 遊んだ
家族が がっかりした　　　　　　　友だちが 2時間も 待った
わたしが 急いだ　　　　　　　　　山本さんが その会議に 出席した
弟が 泣いた　　　　　　　　　　　親が 心配した
親が 安心する　　　　　　　　　　社員が 働く

第19課

～させてください。／～ていただけませんか。

《基本文》
1　今日は　早く　帰らせてください。（今天请允许我早点回家。）
2　ここで　待たせていただけませんか。（能允许我在这里等候吗？）
3　わたしを　笑わせないでください。（请不要逗我笑。）

練習

1　例；すみません。今日は　少し　早く　(帰ります)。
　　→　すみません。今日は　少し　早く　帰らせてください。

(1) すみません。2時間ほど　パソコンを　(使います)。
(2) すぐに　来ますから、ちょっと　ここに　荷物を　(置きます)。
(3) 何でも　がんばりますから、ここで　(働きます)。
(4) いつも　ごちそうになっているので、今日は　わたしに　(払います)。
(5) あなたの　新しい車を　ちょっと　(運転します)。
(6) A：ぼくと　結婚してください。
　　B：それは…。少し　(考えます)。
(7) A：わたしたちの　結婚式で　スピーチを　お願いしたいんですが。
　　B：スピーチは　苦手なので歌を　(歌います)。
　　A：とても　うれしいです。じゃ、歌を　お願いします。
(8) A：今度　うちの学生の中から　3名、カナダに　留学させることになりました。
　　B：ぜひ　わたしに　(行きます)。
　　A：試験が　あるから、今月中に　申し込んでおきなさい。

2　例；すみません。(あした　休みます)か。
　　→　すみません。あした　休ませていただけませんか。

(1) A：山田先生　いらっしゃいますか。
　　B：今　授業中なんですが、あと　10分ぐらいで　終わります。
　　A：では　こちらで　少し(待ちます)か。
　　B：ええ、どうぞ。

(2) A：あした　こちらの教室　空いていますか。
　　B：ええ、午後は　空いています。
　　A：あした　ミーティングを　したいんですが　3時から（こちらの教室を　使います）か。
　　B：ええ、いいですよ。
(3) A：さあ　今日中に　これを　全部　片付けよう。
　　B：あの…すみません。今日は（少し　早く　帰ります）か。
　　A：え、困ったなあ。どうして　早く　帰るんですか？
　　B：今　電話があって、急に　母が来ることになって…。
　　A：それじゃ、仕方ないね。

3 例；わたしは　笑いたくないです。→　わたしを　笑わせないでください。
　(1) わたしは　心配したくないです。　　(2) わたしは　驚きたくないです。
　(3) わたしは　怒りたくないです。　　　(4) わたしは　泣きたくないです。

4 例；　ビルさんの話は　おもしろいですが、おなかが　痛くなるので、これ以上　__笑わせないでください__。
　(1) あなたは　いつも　心配ばかりかけていますが、もう　これ以上　_____。
　(2) おじいちゃんは　もう　90歳なんですよ。何か　あったら　大変ですから　_____。
　(3) どうして　そんなことばかりするんですか。_____。
　(4) 悲しい　出来事が　続きましたから、もう　これ以上　_____。

対話

A：わっ！
B：ああ、驚いた。
A：あはははは…。
B：お茶をこぼしそうになっちゃった。
　　びっくりさせないでくれよ。

―― 入れ替えよう ――
びっくりした ―
ご飯が喉につまりそうになりましたよ
― 驚かせないでくださいね

第19課

やってみよう！

母親と子どもの会話

会話文を読んで、あとの質問に答えなさい。

母　親：にんじんも食べてね。
子ども：嫌だ。嫌いだから食べない！
母　親：食べないと、大きくなりませんよ！　ぜったい食べなさい！
子ども：いや。まずいから嫌だよ。
母　親：じゃあ、今度の日曜日、ディズニーランドに連れていってあげません！
子ども：嫌だ。いや。連れていって！
母　親：じゃあ、にんじんを食べなさい！
子ども：ちょっとでもいい？
母　親：ちょっとでもいいから、食べなさい。
子ども：わかったよ。食べるよ。
　　　　（子どもは、まずそうに食べる）
母　親：えらい。えらい。

正しいものに〇をしなさい。

1. 母親は子どもをディズニーランドに行かせた。
2. 子どもが母親ににんじんを食べさせた。
3. 母親が子どもににんじんを食べさせた。
4. 子どもはにんじんが好きだからよく食べる。

会話

キム：先生、今日、授業の後で、学校のパソコンを使わせていただけませんか。
先生：いいですよ。でも、キムさんは自分のパソコンを持っていたでしょう。
キム：わたしのパソコン、こわれてしまって、今、修理をしているんです。
先生：ああ、そうなんですか。じゃあ、授業が終わったら事務所に来てください。すぐに使えるようにしておきますね。
キム：ありがとうございます。

第 20 課 学生被老师要求读书。
学生は 先生に 本を 読ませられました。

学生は 先生に 本を 読ませられました。（学生被老师要求读书。）
わたしは 子どものとき、野菜が 嫌いでしたが、よく 母に 食べさせられました。（我小时候讨厌蔬菜，但常常被妈妈逼着吃。）

～せられます。／～させられます。　使役受身(しえきうけみ)

《基本文(きほんぶん)》
1　学生(がくせい)は　先生(せんせい)に　本(ほん)を　読(よ)ませられました。（学生被老师要求读书。）
2　わたしは　子(こ)どものとき、野菜(やさい)が　嫌(きら)いでしたが、よく　母(はは)に　食(た)べさせられました。（我小时候讨厌蔬菜，但常常被妈妈逼着吃。）

練習

1　例(れい)；食(た)べる → 食(た)べさせる → 食(た)べさせられる

(1) 買(か)う　　　(2) 書(か)く　　　(3) 話(はな)す
(4) 待(ま)つ　　　(5) 運(はこ)ぶ　　(6) やる
(7) 帰(かえ)る　　(8) 教(おし)える　(9) 考(かんが)える
(10) かける　　　 (11) 来(く)る　　　(12) する

2　例(れい)；先生(せんせい)は　学生(がくせい)に　本(ほん)を　読(よ)ませました。
　　　→ 学生(がくせい)は　先生(せんせい)に　本(ほん)を　読(よ)ませられました。

(1) 母親(ははおや)は　子(こ)どもに　嫌(きら)いな野菜(やさい)を　食(た)べさせます。
(2) 監督(かんとく)は　選手(せんしゅ)に　毎日(まいにち)　運動場(うんどうじょう)を　走(はし)らせます。
(3) 父親(ちちおや)は　息子(むすこ)に　車(くるま)を　運転(うんてん)させました。
(4) 兄(あに)は　妹(いもうと)に　お皿(さら)を　洗(あら)わせます。
(5) 先生(せんせい)は　学生(がくせい)に　作文(さくぶん)を　書(か)かせました。

3　例(れい)；子(こ)どもの時(とき)　好(す)き嫌(きら)いを　しないように、(母親(ははおや)は　野菜(やさい)を　食(た)べさせました)。
　　　→ 子(こ)どもの時(とき)　好(す)き嫌(きら)いを　しないように、
　　　　母親(ははおや)に　野菜(やさい)を　食(た)べさせられました。

(1) わたしは　歌(うた)が　上手(じょうず)ではありませんが、(みんなは　歌(うた)を　歌(うた)わせました)。
(2) まだ　日本語(にほんご)が　上手(じょうず)ではないのに、みんなの前(まえ)で　(課長(かちょう)は　日本語(にほんご)で　あいさつさせました)。
(3) 風邪(かぜ)を　ひいた時(とき)　わたしは　(医者(いしゃ)は　苦(にが)い薬(くすり)を　飲(の)ませました)。
(4) 小学生(しょうがくせい)の時(とき)　わたしは　よく　(父(ちち)は　庭(にわ)を　掃除(そうじ)させました)。
(5) わたしは　ピアノが　嫌(きら)いなのに、小学校(しょうがっこう)から　(母(はは)は　ピアノを　習(なら)わせました)。

対話

1　A：元気がありませんね。どうしたんですか。
　　B：地方へ転勤させられるかもしれません。

入れ替えよう

会社を辞めさせられる
追試を受けさせられる

2　A：パーティーであんなお面をつけさせられるとは、思わなかったよ。
　　B：どんなお面をつけさせられたの？
　　A：パ・ン・ダ。ぼくのかっこいい顔が、見えなくなっちゃった。
　　B：ふ、ふーん……。

入れ替えよう

あんな服を着させられる　—　どんな服を着させられたの
　—　ワンピース　—　ま、ぼくは何でも似合うけどね

活用の作り方　動詞

Ⅰグループ

使役形		使役受身形	
買わせ	ます	買わせ	られます
書かせ	ます	書かせ	られます
急がせ	ます	急がせ	られます
話させ	ます	話させ	られます
待たせ	ます	待たせ	られます
死なせ	ます	死なせ	られます
運ばせ	ます	運ばせ	られます
読ませ	ます	読ませ	られます
帰らせ	ます	帰らせ	られます

Ⅱグループ

使役形		使役受身形	
教えさせ	ます	教えさせ	られます
かけさせ	ます	かけさせ	られます
食べさせ	ます	食べさせ	られます
着させ	ます	着させ	られます

Ⅲグループ

使役形	使役受身形
させます	させられます
来させます	来させられます

受身・使役・使役受身の総まとめ

《基本文》
1 今日も 遅刻して 先生に しかられました。
（今天又迟到了，被老师批评了。）
2 廊下に 立たせられて 少し 恥ずかしかったです。
（（被要求）站在走廊里，有点难为情。）
3 放課後 教室に 残って 漢字の練習を させられました。
（下课后被留在教室里做汉字练习了。）

練習

1 例；今日も 遅刻して （先生が しかった）。廊下に （立って）、少し 恥ずかしかった。放課後 漢字の練習を （した）。

→ 今日も 遅刻して 先生に しかられた。廊下に 立たせられて、少し 恥ずかしかった。放課後 漢字の練習を させられた。

(1) 宿題を 忘れて （先生が 怒った）。黒板に 答えを （書いた）が、間違ってしまった。帰るとき、宿題を 2倍に （した）。

(2) 授業中に みんなが さわいで、（先生が 注意した）。わたしは さわがなかったのに、一緒に （しかって）、おもしろくなかった。その後で 先生は わたしたちに 教室の 掃除を （した）。

(3) わたしは 牛乳が 苦手なので 飲まなかったら （父が 怒った）。牛乳には 栄養が あると （聞いて）、（飲んだ）。

(4) 授業中に わたしの 携帯電話が 鳴って （先生は 携帯を 取りあげた）。そして 先生は わたしに 反省文を （書いた）。さらに 校庭を 10周 （走った）。

2 例；ワンさんは わたしを 待たせます。→ わたしは ワンさんに 待たせられます。

(1) 彼女は わたしに 高い指輪を 買わせます。
(2) 彼は わたしに 重い荷物を 持たせます。
(3) 兄は わたしに 部屋を 掃除させます。
(4) 上司は わたしに お茶を 入れさせます。
(5) 父は わたしに 新聞を 持って来させます。
(6) 先生は わたしに 自分の机を 片付けさせます。

やってみよう！

リーさんとビルさんの話

リーさんとビルさんの話を読んで、（A）から（G）に入ることばを一つ選びなさい。

リーさん：ビルくんと10時に会う約束をしていたのに、ビルくんは来ない。僕は1時間も（A）。文句を言ったら、ビルくんが「おいしい料理をごちそうするよ」と言うので、一緒にレストランへ行った。レストランでは、ビルくんのきれいな恋人の話をずっと（B）が、料理がおいしかったので、二人でたくさん食べた。でもお金を払うとき、ビルくんは「財布を忘れた」と言った。それで、僕はお金を全部（C）。僕は怒った。お金もなくなったし、次は絶対ビルくんに（D）つもりだ。

ビルさん：リーくんと10時に会う約束をしていたが、朝ねぼうして、遅れてしまった。きのう、恋人と遅くまで電話で話していたからだ。リーくんは怒っていた。それで、リーくんに文句を（E）。リーくんに謝ってから、おいしいレストランに連れて行った。料理はとてもおいしかった。僕はおもしろい話をして、リーくんを（F）。でも、お金を払おうとしたら、財布がない。急いで来たので、うちに財布を忘れてしまったようだ。またリーくんを（G）しまった。リーくん、ごめんなさい。

(A) 1. 待たせた　　2. 待たせられた　　3. 待たれた
(B) 1. 聞かせられた　2. 聞かれた　　　3. 聞かせた
(C) 1. 払われた　　2. 払わせられた　　3. 払わせた
(D) 1. ごちそうさせる　2. ごちそうする　　3. ごちそうしよう
(E) 1. 言わせた　　2. 言われた　　　　3. 言わされた
(F) 1. 笑った　　　2. 笑われた　　　　3. 笑わせた
(G) 1. 怒らせて　　2. 怒られて　　　　3. 怒って

復習

練習

1　例；わたしは　日本語（が）　話せます。

　(1) その絵が　本物（　）どうか　わかりません。

　(2) わたしは　先生（　）　ほめられました。

　(3) 自動車事故（　）ようですよ。

　(4) トンネルを　出る（　）、目の前に　海が　見えた。

　(5) わたしは　父（　）庭そうじを　させられた。

2　例；家を　（建てます）つもりです。　→　家を　建てるつもりです。

　(1) 来週から　大阪へ　（出張します）予定です。

　(2) この寺は　200年前に　（建てられました）そうです。

　(3) 彼が　ここへ　（来ます）はずがない。

　(4) 来週だったら　（行けます）かもしれない。

　(5) あしたは　夕方から　雨が　（降ります）らしい。

　(6) 今日は　家で　（勉強します）ことにします。

　(7) 赤ちゃんが　（生まれました）ということを　みんなに　知らせてください。

　(8) ワンさんも　一緒に　（行きます）ことになりました。

　(9) （住みます）なら、都会が　便利です。

　(10) （約束しました）のに、彼は　来ませんでした。

3　例；スキー　（なら・ので・のに）長野が　いいですよ。

　(1) 天気が　いい（なら・ので・のに）散歩したくなった。

　(2) コーヒーを　頼んだ（なら・ので・のに）紅茶が　運ばれてきた。

　(3) 旅行に　行く（なら・ので・のに）、このカバンを　貸しますよ。

　(4) あしたの朝　早く　出かける（なら・ので・のに）、今から　準備します。

4 例；わあ、このケーキ　（⦿おいしそう・おいしいよう）ですね。
(1) 体が　弱いので、たまに　学校を　休む（ことにします・ことが　あります）。
(2) 春に　（なれば・なるなら）、たくさん　花が　咲きます。
(3) 母親は　子どもを　買物に　（行かされます・行かせます）。
(4) わたしが　田中さんのお荷物を　（お持ちいたします・お持ちになります）。
(5) 友だちが　来るので、冷蔵庫に　ケーキを　（買っておきました・買ってありました）。

5 例；禁煙は　煙草を　（吸いません）という意味です。
　→　禁煙は　煙草を　吸うなという意味です。
(1) 立入禁止は　（入りません）という意味です。
(2) 撮影禁止は　ここで　写真を　（撮りません）という意味です。
(3) 父は　大学を　卒業するまで　車を　（運転しません）と言いました。
(4) 部長は　会議の資料を　（忘れません）と言いました。

6 例；学校の屋上から　富士山が　（見ます・⦿見えます・見えてきます）。
(1) 部屋で　勉強していたら、鳥の声が　（聞いた・聞こえた・聞かれた）。
(2) 金曜日の夜9時から、テレビで　英会話講座が　（見ます・見えます・見られます）。
(3) 日曜日の昼間に　ラジオで　音楽を　（聞く・聞こえる・聞かれる）のが　好きです。
(4) わたしの部屋から　きれいな湖が　（見ます・見えます・見えてきます）。

7 例；お酒を　飲みすぎて　気持ちが　（悪い）なりました。
　→　お酒を　飲みすぎて　気持ちが　悪くなりました。
(1) 今度の誕生日で　（二十歳）なります。
(2) 最近、太って、ウエストが　（太い）なりました。
(3) 6月になって　ずいぶん　（暑い）なりましたね。
(4) 彼女は　運動を　して、（元気）なりました。

8 例；このズボンが　似合うかどうか、ちょっと　はいて　（⦿みよう・しまおう）。
(1) 部屋に　鍵を　忘れて（おいた・しまった）。
(2) かならず　連絡を　とる（ように・そうに）します。
(3) あしたは　家で　勉強する（ものに・ことに）した。
(4) 友だちが　来るので　ケーキを　買って（おいて・しまって）ください。

第20課

9 例；先生が この本を （くれた）。
　　→ 先生が この本を くださいました。
(1) 先生に この本を （もらった）。
(2) 部長が 転勤するとき、みんなで 部長に 花を （あげた）。
(3) 毎日 散歩のあとで 犬に エサを （あげる）。
(4) 先週の金曜日 部長が 傘を 貸して （くれた）。

10 例；昨夜 ダイヤモンドが （ぬすむ）。
　　→ 昨夜 ダイヤモンドが ぬすまれた。
(1) 昨日 妹に ケーキを （食べた）。
(2) チーズは 牛乳から （作っている）。
(3) 満員電車で 誰かに 足を （踏んだ）。
(4) この寺は 中国の僧によって （建てた）。

11 例；先生は この本を もう （読みましたか）。
　　→ 先生は この本を もう 読まれましたか。
(1) お客様は 先ほど （帰りました）。
(2) 先生は ピカソの展覧会を もう （見ましたか）。
(3) お客様、今の放送を （聞きましたか）。
(4) 校長先生は もう こちらに （来ましたか）。

12 例；母は 弟に この難しい本を （読んだ）。
　　→ 母は 弟に この難しい本を 読ませた。
(1) 山田先生は 授業中 よく 学生を （笑います）。
(2) 父は よく わたしを 買物に （行く）。
(3) すみません、頭が 痛いので、今日は 早く （帰る） ください。
(4) そんなに 両親を （心配する） のは、よくないですよ。

13 例；子どもの時 嫌いなにんじんを 母に （食べました）。
　　→ 子どもの時 嫌いなにんじんを 母に 食べさせられました。
(1) 宿題を 忘れて 先生に 教室の掃除を （しました）。
(2) わたしは 歌が 好きではないのに クラスメートに 歌を （歌いました）。
(3) 先生の言葉を 聞いて 将来のことを 深く （考えました）。
(4) 前から 約束をしていたのに 彼に 一時間も （待ちました）。

やってみよう！

旅行の計画

ワ　　ン：来月のゴールデンウィークの予定は、決まった？

ビ　　ル：ううん、まだ（　A　）んだ。

カルロス：ぼくは前から北海道へ行きたいと思っていたんだ。

ワ　　ン：いいね、北海道。花がたくさん咲いていて、ちょうどいい季節だよ。

ビ　　ル：北海道は（　B　）ものもたくさんあるよね。早く行って（　C　）なあ。

カルロス：まず、場所を決めて、何で（　D　）決めよう。

ワ　　ン：ホテルの予約も（　E　）よね。

ビ　　ル：旅行会社のツアーに申し込め（　F　）、全部やってくれるよ。

カルロス：ツアーは、高いんじゃない？

ワ　　ン：（　G　）安いのもあると思うよ。

ビ　　ル：じゃあ、いろいろなパンフレットを（　H　）、土曜日の夜、ぼくの家で（　I　）よ。

カルロス：うん、全部一人で（　J　）大変だから、みんなで（　K　）ね。

質問　（　A　）から（　K　）に合うものを選びなさい。

A：　1. 決めさせない　　2. 決まって　　3. 決まっていない
B：　1. おいしそうな　　2. おいしいそうな　3. おいしいような
C：　1. みる　　　　　　2. みよう　　　　3. みたい
D：　1. 帰るか　　　　　2. 行くか　　　　3. 来るか
E：　1. することがある　2. しなくていい　3. しなければならない
F：　1. ば　　　　　　　2. ても　　　　　3. ないで
G：　1. 考えれば　　　　2. 探せば　　　　3. 読めば
H：　1. 集まって　　　　2. 集めて　　　　3. 集められて
I：　1. 相談しよう　　　2. 相談した　　　3. 相談しない
J：　1. したら　　　　　2. するとき　　　3. しても
K：　1. したら　　　　　2. しよう　　　　3. する

第20課

動詞の活用表 （动词活用表）

Ⅰグループ

ます形	会います	書きます	泳ぎます
受身形	会われます	書かれます	泳がれます
尊敬形	会われます	書かれます	泳がれます
使役形	会わせます	書かせます	泳がせます
使役受身形	会わせられます	書かせられます	泳がせられます
命令形	会え	書け	泳げ
条件形	会えば	書けば	泳げば
可能形	会えます	書けます	泳げます
意向形	会おう	書こう	泳ごう

ます形	話します	待ちます	死にます
受身形	話されます	待たれます	死なれます
尊敬形	話されます	待たれます	死なれます
使役形	話させます	待たせます	死なせます
使役受身形	話させられます	待たせられます	死なせられます
命令形	話せ	待て	死ね
条件形	話せば	待てば	死ねば
可能形	話せます	待てます	死ねます
意向形	話そう	待とう	死のう

ます形	遊びます	読みます	取ります
受身形	遊ばれます	読まれます	取られます
尊敬形	遊ばれます	読まれます	取られます
使役形	遊ばせます	読ませます	取らせます
使役受身形	遊ばせられます	読ませられます	取らせられます
命令形	遊べ	読め	取れ
条件形	遊べば	読めば	取れば
可能形	遊べます	読めます	取れます
意向形	遊ぼう	読もう	取ろう

Ⅱグループ

ます形	食べます	覚えます	寝ます
受身形	食べられます	覚えられます	寝られます
尊敬形	食べられます	覚えられます	寝られます
使役形	食べさせます	覚えさせます	寝させます
使役受身形	食べさせられます	覚えさせられます	寝させられます
命令形	食べろ	覚えろ	寝ろ
条件形	食べれば	覚えれば	寝れば
可能形	食べられます	覚えられます	寝られます
意向形	食べよう	覚えよう	寝よう

Ⅲグループ

ます形	来ます	します	散歩します
受身形	来られます	されます	散歩されます
尊敬形	来られます	されます	散歩されます
使役形	来させます	させます	散歩させます
使役受身形	来させられます	させられます	散歩させられます
命令形	来い	しろ	散歩しろ
条件形	来れば	すれば	散歩すれば
可能形	来られます	できます	散歩できます
意向形	来よう	しよう	散歩しよう

五十音順ワードリスト（五十音序单词表）

＊为超过本级别的单词

—あ—

ページ　課

あいさつします
　　寒暄，致辞，打招呼..................132(16)
あいします（愛します）
　　爱，爱恋，喜欢............................84(10)
あいて（相手）对方，对手，对象...........114(13)
＊あいようします（愛用します）
　　爱用，喜欢用............................103(12)
＊あかずきんちゃん（赤ずきんちゃん）
　　小红帽..82(9)
あがります（上がります）上涨，上升.....76(9)
あきます（空きます）空，空闲...........161(19)
あくしゅします（握手します）握手....133(16)
＊アクセスします　点击，接续..............119(14)
あさねぼうします
　　（朝ねぼうします）早晨睡懒觉...167(20)
　　アジア　亚洲....................................94(11)
＊アジサイ　紫阳花，绣球花...................147(18)
あずかります（預かります）
　　收存，代为保管..........................140(17)
あずけます（預けます）存放，寄存....140(17)
アドバイス　建议..................................71(8)
あまいもの（甘い物）甜食...................81(9)
＊あまざけ（甘酒）甜米酒，醪糟...........98(11)
＊あまのがわ（天の川）银河...................25(2)
あめ（飴）糖..93(11)
あやまります（謝ります）道歉，谢罪...31(3)
あれ？　咦？...13(1)
あわてます　慌张................................87(10)
＊あんしょうばんごう（暗証番号）密码151(18)
あんしんします（安心します）
　　放心，安心................................159(19)
＊あんぜんせい（安全性）安全性...........109(13)

—い—

いがい（以外）以外.............................47(5)
いかがですか　怎么样？.......................13(1)
＊いきなり　突然，冷不防......................90(10)
＊いけばな（生け花）插花......................22(2)
＊いけます　插（花）............................124(15)
いけん（意見）意见，建议..................134(16)
＊いこう（以降）以后，之后....................74(8)
＊いさん（遺産）遗产.............................92(11)

いたします　做，干（自谦）..............144(17)
いっぱいな　满，全............................137(16)
いのります（祈ります）祈祷..............140(17)
いまにも（今にも）眼看，马上............76(9)
いやあ　哎呀.......................................89(10)
いやな（嫌な）讨厌的，厌烦的...........162(19)
＊いらいらします　着急，焦急..............122(14)
いらっしゃいます
　　来，去，在（尊敬）...................136(16)
いろんな　各种各样的..........................25(2)
＊いんしょくきんし（飲食禁止）禁止饮食..46(5)

—う—

＊うえき（植木）栽种的树，盆栽的花木......128(15)
＊ウエスト　腰，腰身............................58(6)
＊ウォーキング　步行（运动）................41(4)
うかがいます（伺います）
　　拜访，请教，听说（自谦）............144(17)
うけつけます（受付けます）受理，接待..13(1)
＊うちゅうひこうし（宇宙飛行士）宇航员..55(6)
うで（腕）手臂....................................89(10)
うでどけい（腕時計）手表....................39(4)
うまい　巧妙，高明.............................89(10)
＊うめぼし（梅干）梅干.........................41(4)
うりきれます（売り切れます）
　　售罄，全部售完............................74(8)
＊うわさ（噂）谈论，传说，谣言..........101(12)
＊うんせい（運勢）运势........................101(12)
うんてんめんきょ（運転免許）驾驶执照..31(3)
うんどう（運動）运动..........................41(4)
うんどうかい（運動会）运动会............92(11)
うんどうじょう（運動場）
　　运动场，体育场..........................164(20)
うんどうぶそく（運動不足）运动不足......79(9)

—え—

＊えいぎょう（営業）营业，营销............114(13)
＊えいよう（栄養）营养.........................48(5)
エサ　饲料..128(15)
＊えどじだい（江戸時代）江户时代........102(12)
えらい　了不起..................................58(6)
えんりょします（遠慮します）
　　客气，谢绝.................................133(16)

—お—

おうえんします（応援します）
　　支持，声援，为…加油助威 .... 50(5)
おうだんほどう（横断歩道）人行横道 .... 28(3)
＊おおがた（大型）大型 .... 100(12)
＊おおかみ　狼 .... 82(9)
　おおきな（大きな）大的 .... 28(3)
　おおくの（多くの）很多的，多数的 .... 94(11)
＊おおごえ（大声）大声 .... 87(10)
　オーストラリア　澳大利亚 .... 61(7)
　おおぜい（大勢）很多（人） .... 37(4)
＊おおよろこびします
　　（大喜びします）兴高采烈 .... 105(12)
　おかず　小菜，菜肴，下酒菜 .... 80(9)
　おきゃくさま（お客様）客人（敬称） .... 39(4)
　おく（億）亿 .... 95(11)
　おくさま（奥様）夫人，太太（敬称） ...... 126(15)
　おくさん（奥さん）夫人，太太 .... 124(15)
　おくります　贈送 .... 103(12)
　おこします（起こします）吵醒，叫醒 .... 42(4)
＊おこづかい　零花钱 .... 101(12)
＊おこないます（行います）举行，进行 .... 92(11)
　おこります（怒ります）发怒，生气 .... 47(5)
　おじょうさん（お嬢さん）
　　小姐，令爱（敬称） .... 136(16)
　おたく（お宅）府上，您家 .... 145(17)
＊おだやかな（穏やかな）
　　平稳的，安稳的 .... 109(13)
＊おちゃがし（お茶菓子）茶点，点心 .... 64(7)
　おっしゃいます　说，讲（尊敬） .... 136(16)
　おどり（踊り）舞蹈 .... 20(2)
　おにぎり　饭团 .... 54(6)
　おまえ　你 .... 82(9)
　おみまい（お見舞い）问候，探望，慰问 ... 55(6)
　おめにかかります
　　（お目にかかります）见面（自谦）.... 144(17)
＊おめん（お面）面具，假面 .... 165(20)
　おもいで（思い出）回忆 .... 93(11)
　おや（親）父母 .... 84(10)
＊オリオンざ（オリオン座）猎户星座 .... 25(2)
　おります（折ります）折叠，折断，弯折 ... 29(3)
　オリンピック　奥林匹克 .... 93(11)
　おわかれ（お別れ）分别，分手 .... 57(6)
　おんがくしつ（音楽室）音乐室 .... 19(2)

—か—

＊かいいぬ（飼い犬）家犬，家养的狗 .... 88(10)
　かいいん（会員）会员 .... 134(16)
＊かいかん（会館）会馆 .... 95(11)
＊かいさいします（開催します）
　　召开，举办 .... 93(11)
＊かいさんします（解散します）解散 .... 101(12)
　かいじょう（会場）会场 .... 151(18)
＊かいしょうします（解消します）
　　缓解，消除 .... 79(9)
　かいちょう（会長）会长 .... 103(12)
＊かいてん（開店）（店铺）开门，开张 ..... 116(14)
＊かいはつします（開発します）开发 .... 92(11)
　かえます（代えます）代替，换 .... 17(1)
　かえます（換えます）换，交换 .... 21(2)
　かえます（替えます）更换 .... 111(13)
　かえり（帰り）归途，回（去／来） .... 18(1)
　かおいろ（顔色）脸色，面色 .... 62(7)
＊がか（画家）画家 .... 124(15)
　かきかた（書き方）写法 .... 124(15)
＊かきげんきん（火気厳禁）严禁烟火 .... 46(5)
　かぐ（家具）家具 .... 93(11)
　がくちょう（学長）大学校长 .... 132(16)
＊かくにんします（確認します）确认 .... 111(13)
　かざります（飾ります）装饰，修饰 .... 29(3)
　かじ（火事）着火，火灾 .... 116(14)
＊〜かしょ（〜か所）〜处，〜个地方 .... 97(11)
　かぜぐすり（風邪薬）感冒药 .... 89(10)
　かた（肩）肩膀 .... 86(10)
　かたづきます（片付きます）
　　收拾整齐，处理好 .... 48(5)
＊かちょう（課長）科长 .... 84(10)
＊がっかりします　失望，灰心 .... 158(19)
　かっこう（格好）样子，打扮，姿势 .... 81(9)
＊かっとばせ（かっ飛ばせ）打远点！ .... 50(5)
　カップラーメン　方便面（碗面） .... 106(12)
　かならず（必ず）一定，必定 .... 39(4)
　かなり　相当，非常 .... 40(4)
＊カニ　螃蟹 .... 16(1)
＊かにゅうします（加入します）
　　加入，参加 .... 73(8)
＊かねのなるき（金のなる木）
　　筒叶花月（植物名） .... 152(18)
＊カプチーノ　卡布奇诺 .... 16(1)
　かみます　咬 .... 83(10)
　かわいそうな　可怜的 .... 89(10)
　かんがえます（考えます）思考，考虑 .... 57(6)
＊かんきゃく（観客）观众 .... 158(19)

かんこうち（観光地）　观光胜地..................66(7)
かんしゃします（感謝します）　感谢..........57(6)
＊かんじゃ（患者）　患者，病人..................157(19)
＊がんしょ（願書）　志愿书..........................141(17)
かんぜんな（完全な）　完全，完整..............71(8)
かんどうします（感動します）　感动......158(19)
＊かんとく（監督）　导演，教练....................94(11)
＊かんばん（看板）　招牌，幌子....................24(2)

—き—

きおん（気温）　气温......................................66(7)
＊きこう（気候）　气候......................................65(7)
きこえます（聞こえます）
　　听得见，能听到..19(2)
きこくします（帰国します）
　　归国，回国..104(12)
ぎじゅつ（技術）　技术................................102(12)
きせつ（季節）　季节....................................109(13)
きそく（規則）　规则....................................152(18)
＊きちょうな（貴重な）　宝贵的，贵重的....134(16)
＊きちょうひん（貴重品）　贵重物品............141(17)
＊きちんと　好好地，整齐地............................48(5)
＊きつい　紧，小..58(6)
＊きねんひん（記念品）　纪念品..................124(15)
＊きのう（機能）　功能，机能........................77(9)
＊きほんてきな（基本的な）　基本的..............22(2)
きみ（君）　你..47(5)
きもち（気持ち）　心情....................................61(7)
キャーッ　啊（尖叫）....................................82(9)
きゅうじつ（休日）　假日，休息日................38(4)
＊きゅうじょう（球場）　球场..........................50(5)
きゅうな（急な）　突然，紧急........................53(6)
きゅうりょう（給料）　工资，报酬................22(2)
きょうかい（教会）　教会，教堂....................94(11)
＊きょうじゅ（教授）　教授............................123(15)
＊きょうりょくします（協力します）
　　合作，配合，共同努力..........................119(14)
きょく（曲）　曲子，乐曲............................103(12)
＊きらいます（嫌います）　讨厌，嫌弃..........90(10)
＊ギリシャ　希腊..93(11)
～キロ　～公斤..79(9)
＊きんうん（金運）　财运................................101(12)
きんえん（禁煙）　禁止吸烟............................46(5)
＊きんきゅう（緊急）　紧急的............................46(5)
＊きんこ（金庫）　金库，保险柜......................95(11)
きんし（禁止）　禁止..46(5)
きんじょ（近所）　邻居，近邻，附近............84(10)
＊きんぞく（勤続）　连续工作，工龄................56(6)

きんむ（勤務）　勤务，工作........................114(13)

—く—

＊くうせき（空席）　空座....................................21(2)
くさります（腐ります）
　　腐烂，坏..65(7)
くち（口）　嘴..82(9)
＊くにぐに（国々）　各国，国家......................94(11)
＊クラシック　古典音乐，古典........................18(1)
くらします（暮らします）　生活....................53(6)
くらべます（比べます）　比，比较，比试....29(3)
＊くろうします（苦労します）　辛苦，操劳....65(7)
くわしい（詳しい）　详细，熟悉....................72(8)
＊くんれん（訓練）　训练....................................55(6)

—け—

けいけん（経験）　经验，经历....................134(16)
けいご（敬語）　敬语，尊敬语....................127(15)
けいさつ（警察）　警察，警署........................84(10)
けいさん（計算）　计算....................................38(4)
けいじばん（掲示板）　布告牌，公告板....105(12)
＊げいじゅつか（芸術家）　艺术家................152(18)
＊けいやくします（契約します）
　　签订合同，缔约..62(7)
＊ケーブルテレビ　有线电视............................73(8)
＊けしょうひん（化粧品）　化妆品..................71(8)
けっか（結果）　结果..22(2)
けっこうな（結構な）
　　很好的，足够的，不用........................141(17)
けっこんしき（結婚式）　结婚典礼................33(3)
＊けん（券）　票子，券......................................74(8)
＊けん（件）　事情..32(3)
けんか　吵架，打架..77(9)
けんがくします（見学します）　参观学习....29(3)
けんきゅうします（研究します）　研究......92(11)
けんこう（健康）　健康....................................75(9)
けんこうな（健康な）　健康的........................48(5)
＊けんこうかんり（健康管理）
　　养生，健康管理..65(7)
＊けんさくします（検索します）
　　搜索，检索..119(14)
＊げんしりょく（原子力）　原子能..................56(6)
＊けんせつします（建設します）
　　建设，修建..109(13)

—こ—

日本語	中文	ページ
～ご（～後）	～之后	54(6)
＊コアラ	考拉，树袋熊	61(7)
＊こうか（効果）	效果	41(4)
＊こうかいします（公開します） 公开，公映		95(11)
ごうかく（合格）	合格，及格	79(9)
＊こうきゅう（高級）	高级	61(7)
こうこうせい（高校生）	高中生	84(10)
＊こうこく（広告）	广告	23(2)
＊こうざ（講座）	讲座	25(2)
こうじ（工事）	施工，工程	133(16)
こうじょう（工場）	工厂	25(2)
こうじょうけんがく（工場見学） 参观工厂		55(6)
＊こうしんします（更新します） 更新		65(7)
＊こうずい（洪水）	洪水	108(13)
こうちょうしつ（校長室）	校长办公室	126(15)
こうちょうせんせい（校長先生） 校长		16(1)
こうつうひ（交通費）	交通费	22(2)
＊こうてい（校庭）	校园	49(5)
＊コーチ	教练	49(5)
ゴールデンウィーク	5月黄金周	171(20)
＊こくさいかいぎ（国際会議）	国际会议	92(11)
＊こくはくします（告白します） 表白，坦白		61(7)
こくばん（黒板）	黑板	166(20)
＊こくひりゅうがくせい（国費留学生） 公费留学生		101(12)
こくみん（国民）	国民	56(6)
こしょう（故障）	故障	47(5)
＊こしょう（胡椒）	胡椒	80(9)
＊こぜに（小銭）	零钱	129(15)
ごぜんちゅう（午前中）	上午	134(16)
ごぞんじです（ご存知です） 知道（尊敬）		136(16)
ごちそうします	请客	167(20)
ごちそうになります	被请（吃饭）	160(19)
＊こっかい（国会）	国会	101(12)
＊こてん（古典）	古典	92(11)
＊こてん（個展）	个人展览	152(18)
＊～ごと	每～	92(11)
＊ことわざ	谚语，俗语	42(4)
ことわります（断ります）	拒绝，禁止	31(3)
このまえ（この前）	之前，上次	49(5)
こぼします	洒出，漏，掉落	161(19)
ごみばこ（ごみ箱）	垃圾箱	16(1)
こみます（混みます）	混乱，拥挤	76(9)
こめ（米）	大米	98(11)
ごらんください（ご覧ください） 请看（尊敬）		131(16)
ごらんになります（ご覧になります） 看，读（尊敬）		136(16)
これから	从现在起，今后	12(1)
ころびます（転びます） 摔倒，滚，翻滚		88(10)
コンサートホール	音乐厅	95(11)
コンピューターゲーム	电脑游戏	81(9)

—さ—

日本語	中文	ページ
さいきん（最近）	最近，近来	37(4)
さいご（最後）	最后	98(11)
＊ざいさん（財産）	财产	78(9)
さいしょ（最初）	最初	41(4)
＊さいのう（才能）	才能	76(9)
＊ざいりょう（材料）	材料	76(9)
さがります（下がります）	下降，降低	150(18)
さきほど（先ほど）	刚才，刚刚	131(16)
＊さくひん（作品）	作品	153(18)
＊さくや（昨夜）	昨晚，昨夜	91(11)
さけかす（酒粕）	酒糟	98(11)
さけびます（叫びます）	叫喊，呼吁	50(5)
さしあげます	给，赠给（自谦）	123(15)
＊さします	刺，（蚊子）叮咬	88(10)
＊さつえい（撮影）	摄影，摄像，照相	169(20)
＊さっか（作家）	作家	94(11)
＊さっきょくします（作曲します） 作曲		94(11)
さめます（覚めます）	清醒，觉醒	70(8)
＊さらに	更加，进一步	166(20)
＊サル	猴子	129(15)
＊さわがしい（騒がしい）	吵闹，嘈杂	36(4)
＊さわやかな	清爽，爽快	53(6)
＊さんかします（参加します）	参加	18(1)

—し—

日本語	中文	ページ
＊し（詩）	诗歌	120(14)
＊しあわせな（幸せな）	幸福	76(9)
＊しかい（司会）	主持，主持人	125(15)
＊じかい（次回）	下次	81(9)
しかし	可是	57(6)
しかります	训斥，责骂	49(5)
しき（式）	仪式，典礼	33(3)
しけんべんきょう（試験勉強） 备考		117(14)
じこしょうかい（自己紹介） 自我介绍		156(19)
＊しぜん（自然）	自然	26(2)
＊しぜんほご（自然保護）	保护自然	78(9)
＊じしん（自信）	自信	18(1)

177

しちょう（市長）市长.....................103(12)
しっぱい（失敗）出错，失误，失败.....86(10)
しつもん（質問）提问，疑问..............22(2)
*じつりょく（実力）实力....................60(7)
しつれいします（失礼します）
　　　失礼，告辞................................13(1)
*しつれん（失恋）失恋........................80(9)
じどうはんばいき（自動販売機）
　　　自动售货机................................21(2)
*しはらいます（支払います）支付.....22(2)
　　　しばらく　一会儿，许久............32(3)
*しひりゅうがくせい（私費留学生）
　　　自费留学生..............................101(12)
*シフト　轮班，轮班工作时间............22(2)
*しぼります（絞ります）榨，拧，绞.....98(11)
*じまく（字幕）字幕...........................25(2)
*しみんホール（市民ホール）市民会馆..109(13)
*しめきり（締め切り）截止，封闭.....111(13)
　　　しゃいん（社員）职员，员工.....47(5)
*しゃいんせんよう（社員専用）员工专用..47(5)
　　　しゃいんりょこう（社員旅行）
　　　员工旅行..................................104(12)
*しゃしんしゅう（写真集）
　　　写真集，影集............................92(11)
*しゃない（社内）公司内部.................127(15)
*しゃないほうそう（車内放送）
　　　车内广播..................................101(12)
　　　しゅう（週）一星期，一周.........22(2)
　　　しゅうかん（習慣）习惯.............65(7)
*しゅうかんし（週刊誌）周刊杂志....101(12)
　　　じゅうしょ（住所）地址............141(17)
　　　しゅうしょくします（就職します）
　　　就职，找到工作.........................32(3)
　　　じゅうたい（渋滞）堵车，停滞不前.....78(9)
　　　しゅうでん（終電）末班电车.....117(14)
　　　じゅうみん（住民）居民.............94(11)
　　　しゅうりします（修理します）修理....20(2)
*しゅうりょうします（終了します）结束 13(1)
*じゅけん（受験）参加考试，参加高考.....34(3)
*じゅけんせい（受験生）考生..............14(1)
*しゅじゅつ（手術）手术.....................71(8)
　　　しゅっせきします（出席します）出席 .....72(8)
　　　しゅっぱつ（出発）出发.............32(3)
　　　しゅっぱつじこく（出発時刻）出发时间..38(4)
*しゅっぱんします（出版します）出版 .....92(11)
*しゅにん（主任）主任......................120(14)
*じゅんばん（順番）顺序，轮流..........48(5)
*しょうがくせい（小学生）小学生....164(20)
　　　しょうがっこう（小学校）小学....130(15)

じょうきょう（状況）情况，状况 ....21(2)
じょうし（上司）上司............................78(9)
しょうじきな（正直な）老实，诚实.....84(10)
しようします（使用します）使用.......135(16)
*じょうしゃします（乗車します）乗车 135(16)
*しょうしんします（昇進します）
　　　升职，晋升..................................120(14)
*しょうたいします（招待します）
　　　招待，邀请....................................29(3)
しょうひん（商品）商品............................61(7)
しようふか（使用不可）不可使用..........46(5)
じょうぶな（丈夫な）结实..........................77(9)
*じょうほう（情報）信息...........................66(7)
しょうゆ（醤油）酱油..............................93(11)
*じょうりくします（上陸します）登陆 118(14)
ジョギング　慢跑.......................................13(1)
*じょせい（女性）女性..............................74(8)
しょっき（食器）餐具................................64(7)
*ショック　打击，刺激..............................80(9)
*じょゆう（女優）女演员............................56(6)
*しらせ（知らせ）通知............................152(18)
*しんがくします（進学します）升学....31(3)
*しんがくせつめいかい（進学説明会）
　　　升学说明会..................................105(12)
*しんこんりょこう（新婚旅行）
　　　蜜月旅行，新婚旅行.....................33(3)
しんさく（新作）新作...............................135(16)
*しんしふく（紳士服）男士服装..............21(2)
しんしゃ（新車）新车...............................37(4)
*じんしんじこ（人身事故）撞人事故.....101(12)
*しんせいひん（新製品）新产品............92(11)
*しんど（震度）（地震）烈度.................119(14)
しんにゅうきんし（進入禁止）禁止进入..46(5)
しんぱいします（心配します）担心.........14(1)
*しんはつばい（新発売）新上市..............60(7)
しんらいします（信頼します）
　　　信赖，信任....................................84(10)
*じんりきしゃ（人力車）人力车..............23(2)
しんりょう（診療）诊疗............................13(1)

—す—

*ずいぶん　非常..41(4)
*スーツケース　行李箱，旅行箱..............36(4)
*すききらい（好き嫌い）好恶，挑食.....40(4)
*すぎます（過ぎます）过，经过，过度.....70(8)
スキューバダイビング
　　　背着水中呼吸器潜水.....................23(2)
スクール　学校..148(18)

178

すごします（過ごします）　度过............................38(4)
＊ずじょうちゅうい（頭上注意）　注意头顶..47(5)
＊すすめます（勧めます）　推荐............................17(1)
＊ずつう（頭痛）　头疼，头痛................................79(9)
　　ずっと　一直..32(3)
＊ストレス　精神压力，压力..................................79(9)
＊スピーチコンテスト　演讲比赛.....................120(14)
　　すべて　一切，全部，总共...........................143(17)
＊スポーツジム　健身房...58(6)
＊スポーツセンター　运动中心..............................13(1)
＊すります　偷窃，扒窃.......................................87(10)

—せ—

　　～せい（～製）　～产，～制，～制作.............16(1)
＊せいか（成果）　成果...53(6)
＊せいざ（星座）　星座...24(2)
＊せいひん（製品）　产品，制品.........................92(11)
＊せいふ（政府）　政府...56(6)
＊せいふく（制服）　制服...................................152(18)
＊せかいいさん（世界遺産）　世界遗产..............96(11)
＊せきゆ（石油）　石油.......................................92(11)
＊せっかく　好（不）容易，特地，难得..............62(7)
　　ぜったい（絶対）　绝对，一定..........................28(3)
　　せわ（世話）　照顾，帮助................................31(3)
　　せん（線）（交通工具）线路，路线.............152(18)
　　ぜん～（全～）　全～，全部的～.....................78(9)
　　ぜんかい（前回）　上次....................................81(9)
＊せんぎょうしゅふ（専業主婦）　家庭主妇.........56(6)
　　せんしゅ（選手）　选手....................................49(5)
　　せんそう（戦争）　战争....................................70(8)
＊せんねんします（専念します）
　　　　　　专心致志地...53(6)
　　せんぱい（先輩）　前辈..................................86(10)

—そ—

＊そう（僧）　和尚，僧人..................................91(11)
＊そうさ（操作）　操作..73(8)
　　そうだんします（相談します）　商量..............60(7)
　　そうなんですか　是吗.......................................25(2)
　　そうね　那个嘛…..17(1)
　　そだてます（育てます）　养育，抚养............84(10)
　　そば　荞麦面...57(6)
　　そろそろ　就要，快要......................................12(1)
　　ぞんじます（存じます）
　　　　　　知道，想（自谦）...........................144(17)
　　そんな　那样..79(9)

—た—

　　たいいんします（退院します）　出院.........108(13)
＊たいし（大使）　大使......................................135(16)
＊だいしぜん（大自然）　大自然...........................23(2)
　　だいじな（大事な）　重要的，珍惜，爱护......73(8)
　　たいじゅう（体重）　体重................................79(9)
＊たいしょくします（退職します）
　　　　　　离职，退休......................................109(13)
＊だいず（大豆）　大豆，黄豆...........................93(11)
　　たいせつにします
　　　　　（大切にします）　爱护，珍惜，保重......96(11)
　　たいちょう（体調）　身体状况..........................13(1)
＊だいとうりょう（大統領）　总统.................101(12)
＊だいひょう（代表）　代表..............................120(14)
＊だいめい（題名）　名字，标题.......................152(18)
＊ダイヤモンド　钻石..91(11)
＊たいりょく（体力）　体力.................................70(8)
＊ダウンロード　下载..119(14)
＊たからくじ（宝くじ）　彩票..............................61(7)
　　たくさんの　很多的，大量的.........................92(11)
＊たくはいびん（宅配便）　快递..........................54(6)
＊たしか（確か）　确实，大概，记得好像......105(12)
　　たすけます（助けます）　帮助，救助...........84(10)
　　たずねます　询问，寻找................................84(10)
　　たたきます　叩，打，敲，拍.........................84(10)
＊たちいりきんし（立入禁止）　禁止入内..169(20)
＊たちます（経ちます）
　　　　　（时间）过去，过...............................148(18)
　　たてます（建てます）　建造，建设................31(3)
　　たのしみます（楽しみます）
　　　　　　享受，以～为乐，期待........................28(3)
＊ダビング　（音像制品的）复制..........................54(6)
＊たべほうだい（食べ放題）
　　　　　　（饭店等）畅吃...................................23(2)
＊たまに　偶尔..116(14)
　　ためます　积攒，储蓄......................................60(7)
　　たります（足ります）　足够，够......................72(8)
＊だるい　发倦，无力..137(16)
＊たんき（短気）　性急，没耐性..........................47(5)
＊タンス　衣橱，衣柜..16(1)
＊ダンボール　瓦楞纸，硬纸板...........................93(11)

—ち—

＊ちいき（地域）　地区，地域...........................94(11)
　　チーズ　奶酪，芝士.......................................93(11)
＊ちかどう（地下道）　地道..................................69(8)

ちこくします (遅刻します) 迟到 .... 14(1)	デート 约会 .... 37(4)
*ちちおや (父親) 父亲 .... 157(19)	*できごと (出来事) 事情, 事件 .... 161(19)
*ちほう (地方) 地方, 外地 .... 165(20)	できるだけ 尽量 .... 38(4)
*チャンス 机会 .... 31(3)	できれば 如果可能的话 .... 32(3)
*ちゃんと 好好地, 完全 .... 65(7)	デジカメ 数码相机 .... 112(13)
*ちゅうきゅう (中級) 中级 .... 54(6)	テレビゲーム
*ちゅうたいします (中退します)	（连接电视的）游戏机, 电子游戏 .... 125(15)
辍学, 肄业 .... 63(7)	テレビばんぐみ (テレビ番組) 电视节目 ... 25(2)
*ちゅうとう (中東) 中东 .... 92(11)	てん (点) 分数 .... 49(5)
ちゅうもんします (注文します)	*でんきゅう (電球) 电灯泡 .... 111(13)
订货, 订购, 点菜 .... 135(16)	てんきよほう (天気予報) 天气预报 .... 100(12)
*ちょうせんします (挑戦します) 挑战 ..... 61(7)	*てんきん (転勤)
ちょきんします (貯金します) 存钱 .... 78(9)	调动工作, 调换工作地点 .... 32(3)
	てんちょう (店長) 店长 .... 95(11)
—つ—	てんらんかい (展覧会) 展览会 .... 95(11)
*ツアー 団体旅行, 短途旅行 .... 23(2)	—と—
*ついし (追試) 补考 .... 165(20)	*とうけい (統計) 统计 .... 108(13)
つうがく (通学) 上学 .... 60(7)	*とうじつけん (当日券) 当日票 .... 74(8)
つかいかた (使い方) 使用方法 .... 124(15)	*どうそうかい (同窓会)
つかまえます 抓住, 逮捕 .... 84(10)	同窗会, 同学聚会 .... 130(15)
つかまります 被捕, 抓住 .... 95(11)	とうちゃくします (到着します) 到达 111(13)
*つきあいます (付き合います)	*とうふ (豆腐) 豆腐 .... 52(6)
交往, 交际 .... 53(6)	*とうろくします (登録します)
*つぎつぎと (次々と)	登记, 注册 .... 97(11)
陆续, 一个接一个 .... 150(18)	*とかいてきな (都会的な) 城市化的 ...... 109(13)
つきます (付きます) 附上, 附着 .... 94(11)	とくに (特に) 特别, 特别是 .... 33(3)
*つぎます 斟, 灌, 注入 .... 85(10)	とくべつな (特別な) 特别 .... 55(6)
つくりかた (作り方) 制作方法, 做法 ... 127(15)	*とけます 溶化, 熔化 .... 151(18)
つごう (都合) 方便, 情况 .... 65(7)	おとしより (お年寄り) 老年人 .... 46(5)
つたえます (伝えます)	*どそくげんきん (土足厳禁)
传达, 转告, 传承 .... 29(3)	严禁穿鞋入内 .... 46(5)
つづき (続き) 继续, 后续, 连在一起 ..... 119(14)	*とっきゅうでんしゃ (特急電車)
つづきます (続きます) 持续, 继续 .... 108(13)	特快列车 .... 105(12)
つつみます (包みます) 包, 裹 .... 85(10)	*とつぜん (突然) 突然 .... 88(10)
*つながります 连接, 排列, 系 .... 119(14)	*とどけさき (届け先)
*つまります 堵塞, 塞满 .... 161(19)	投送地点, 收件人 .... 141(17)
*つり (釣り) 钓鱼 .... 68(8)	トマトジュース 番茄汁 .... 14(1)
*つる (鶴) 鹤 .... 40(4)	*とりあげます (取りあげます) 没收 ... 166(20)
つるつる 光滑, 光秃秃 .... 41(4)	どりょくします (努力します) 努力 .... 41(4)
つれます (連れます) 带领, 带着 .... 54(6)	*ドレス 女式礼服 .... 33(3)
	どろぼう (泥棒) 小偷 .... 86(10)
—て—	*トンネル 隧道 .... 147(18)
*ティーカップ （红茶）茶杯 .... 130(15)	—な—
ていきけん (定期券) 定期乘车票, 月票 .... 21(2)	
*ディズニーランド 迪斯尼乐园 .... 162(19)	な (名) 名字, 姓名 .... 152(18)
*ていぼう (堤防) 堤岸, 堤坝 .... 109(13)	ない 没有 .... 55(6)
でいりぐち (出入口) 出入口 .... 46(5)	

—な—

なか（仲） 交情，关系 ....110(13)
なかなか 怎么也（不），轻易（不） .....15(1)
*ながねん（長年） 长年累月，多年 ......132(16)
なきごえ（泣き声） 哭声 ....24(2)
なきごえ（鳴き声） 鸣叫声 ....24(2)
なきます（泣きます） 哭泣 ....85(10)
なくします 丢失 ....38(4)
*なぐりかえします（殴り返します）
　　　还手，打回去 ....90(10)
*なぐります（殴ります） 打，殴打 ....90(10)
なげます（投げます） 投，扔，抛 ....20(2)
なさいます 做，干（尊敬） ....136(16)
*なでます 抚摸 ....86(10)
*なみ（波） 波浪 ....25(2)
なみだ（涙） 眼泪 ....71(8)
なやみ（悩み） 烦恼 ....117(14)
なやみます（悩みます） 烦恼 ....61(7)
なるべく 尽量 ....35(4)
なるほど 原来如此 ....95(11)
*なんだか 总觉得，不由得 ....41(4)
なんで 为什么 ....77(9)

—に—

におい（匂い） 气味 ....98(11)
にがい（苦い） 苦，痛苦 ....164(20)
*にがおえ（似顔絵） 肖像画 ....130(15)
にげます（逃げます） 逃跑 ....88(10)
*24じかんえいぎょう（24時間営業）
　　　24小时营业 ....40(4)
*にちじょう（日常） 日常 ....65(7)
*にっていひょう（日程表） 日程表 .....137(16)
*にほんごのうりょくしけん
　　　（日本語能力試験） 日语能力考试 .....61(7)
*にほんぶよう（日本舞踊） 日本传统舞蹈 ..22(2)
にゅういんします（入院します） 住院 120(14)
*にゅうじょう（入場） 入场 ....143(17)
*にゅうじょうむりょう（入場無料）
　　　免费入场 ....46(5)
にんき（人気） 受欢迎，人望，声望 ...101(12)
にんげん（人間） 人，人类 ....35(4)
にんずう（人数） 人数 ....64(7)

—ぬ—

*ぬいます（縫います） 缝，刺绣 ....20(2)
ぬすみます（盗みます） 偷，盗 ....85(10)

—ね—

*ねあがりします（値上がりします）
　　　涨价，升值 ....101(12)
ねだん（値段） 价格 ....14(1)
*ねっしんな（熱心な） 热心，热诚，用功 ...42(4)
ネットカフェ 网吧 ....21(2)
ねぼうします（寝坊します）
　　　睡懒觉，睡过头 ....39(4)
ねむります（眠ります） 睡着，睡觉 ...116(14)

—の—

*ノーベルしょう（ノーベル賞）
　　　诺贝尔奖 ....94(11)
*のがします（逃します） 放过，错过 ....78(9)
のこします（残します）
　　　剩下，留下，保存 ....29(3)
のこります（残ります） 留，剩余 ....76(9)
*のんびりします 悠然自得，逍遥自在 ...33(3)

—は—

*バーベキュー 户外烧烤，BBQ ....33(3)
～ばい（～倍） ～倍 ....166(20)
ハイキング 郊游，徒步旅行 ....33(3)
はいけんします（拝見します）
　　　看，读（自谦） ....144(17)
はいたつします（配達します）
　　　投递，递送 ....143(17)
ばかり 光，只 ....76(9)
*～はく…か（～泊…日） …天～夜 ....23(2)
ハクション 阿嚏，打喷嚏 ....89(10)
*はくらんかい（博覧会） 博览会 ....102(12)
はこびます（運びます） 搬运 ....22(2)
はし（橋） 桥 ....152(18)
はずかしい 害羞，惭愧 ....87(10)
バスてい（バス停） 公共汽车站 ....152(18)
*はだ（肌） 皮肤，肌肤 ....109(13)
*はち（蜂） 蜜蜂 ....88(10)
はつおん（発音） 发音 ....86(10)
*バツグンな 超群，出众 ....41(4)
はっけんします（発見します） 发现 ....23(2)
*はっこうします（発酵します） 发酵 ...98(11)
*はつばいします（発売します）
　　　发售，上市 ....108(13)
*はっぴょうかい（発表会）
　　　发表会，发布会 ....125(15)
はっぴょうします（発表します）

　　　　　发表，发布..............................135(16)
*はつめいします（発明します）発明.....85(10)
　はなしあいます（話し合います）
　　　　　谈话，商量..............................31(3)
　はなしごえ（話し声）说话的声音.......81(9)
*はなします　放开，离开.....................89(10)
*ははおや（母親）母亲..........................89(10)
*バラ　玫瑰，蔷薇.................................152(18)
　はらいます（払います）支付..............21(2)
*バランス　平衡.....................................48(5)
　はるやすみ（春休み）春假..................34(3)
*はれます（顔が～）肿，肿胀...............88(10)
*ハングル　朝鮮文字，韓字...................55(6)
*はんせいぶん（反省文）检讨书..........166(20)
*ばんそうこう　护创膏，创可贴..........111(13)
　はんたいします（反対します）反对....56(6)
　はんとし（半年）半年..........................92(11)
*パンフレット　小册子..........................21(2)

—ひ—

*ひきおとし（引き落とし）转账，扣除.....73(8)
　ひさしぶり（久しぶり）好久不见，久违....41(4)
*ひしょ（秘書）秘书..............................156(19)
*ひじょうぐち（非常口）
　　　　　紧急出口，太平门..................46(5)
*ひじょうな（非常な）
　　　　　非常，特别，紧急..................89(10)
*びしょぬれ　湿透，落汤鸡...................98(11)
*ひっかきます　挠，搔，抓..................88(10)
　びっくりします　吃惊，吓了一跳.......87(10)
*ひといちばい（人一倍）比别人加倍....71(8)
*ひとたち（人たち）人们......................103(12)
*ひとびと（人々）人们，人人...............94(11)
*ひとりぐらし（一人暮し）独自生活....120(14)
*ひとりひとり　各个人，每个人...........50(5)
　ひみつ（秘密）秘密..............................62(7)
*ひゃくとおばん（110番）报警（电话）....90(10)
*ひょうかします（評価します）
　　　　　评价，好评..............................94(11)
　ひらきます（開きます）
　　　　　召开，打开，开....................85(10)
*ひりょう（肥料）肥料..........................128(15)
　ひるま（昼間）白天............................169(20)
*ひろげます（広げます）
　　　　　打开，扩张，开阔..................57(6)

—ふ—

　ふーん　哼...165(20)
　ふえます（増えます）增加..................76(9)
*ぶか（部下）部下，下属......................158(19)
*ふかい（深い）深，浓..........................170(20)
　ふきます　擦，擦拭..............................64(7)
　ふくしゅう（復習）复习......................38(4)
　ふごうかく（不合格）不及格，不合格.....14(1)
*ブザー　蜂鸣器，警报器....................150(18)
*ふじゆうな（不自由な）不自由，不方便....46(5)
　ふじんふく（婦人服）女士服装...........21(2)
*ふちゅういな（不注意な）
　　　　　不小心，疏忽大意................116(14)
*ふつうしゃ（普通車）
　　　　　小型车（10人以下的汽车）.....20(2)
*ふつかよい（二日酔い）宿醉................82(9)
　ふみます（踏みます）踩，踏............170(20)
　ふゆやすみ（冬休み）寒假..................34(3)
*フラダンス　草裙舞（夏威夷民族舞蹈）....20(2)
*ふります　拒绝，抛弃..........................90(10)
*ふれあい　接触，交往..........................23(2)
*プレイボーイ　花花公子........................77(9)
*プロポーズ　求婚..................................79(9)
*フロント　前台....................................141(17)
*ふんいき（雰囲気）氛围，气氛............41(4)
　ぶんか（文化）文化..............................96(11)
*ぶんがく（文学）文学..........................92(11)

—へ—

*へいさします（閉鎖します）
　　　　　关闭，封闭..............................93(11)
　へいわ（平和）和平..............................70(8)
　へえ　啊，欸（惊讶，佩服）..............42(4)
　ベッド　床..124(15)
　ベル　铃，电铃，钟..........................151(18)
*ベンツ
　　　　　奔驰（汽车品牌）..................37(4)
*べんろんたいかい（弁論大会）
　　　　　演讲比赛，辩论比赛..............18(1)

—ほ—

*ぼうえんきょう（望遠鏡）望远镜.......24(2)
*ほうこく（報告）报告，汇报.............142(17)
*ほうせきてん（宝石店）珠宝店...........95(11)
　ほうそうします（放送します）

播放，播送	94(11)
ほうほう（方法）方法	110(13)
ほうもんします（訪問します）访问	144(17)
*ほえます（吠えます）吠叫	88(10)
ボード　板，白板	24(2)
ホームページ　主页，首页	21(2)
*ホームラン　本垒打	50(5)
*ぼくじょう（牧場）牧场	23(2)
*ほくとしちせい（北斗七星）北斗七星	25(2)
*ほごします（保護します）保护	96(11)
ほします（干します）晒干，晾干	62(7)
*ぼしゅう（募集）招募，募集，招人	105(12)
*ポスター　海报	109(13)
ポスト　邮筒，信箱	56(6)
*ほっきょくせい（北極星）北极星	152(18)
ほど　大约，左右	32(3)
ほとんど　大部分，几乎	41(4)
ほめます　表扬	83(10)
*ほんにん（本人）本人	109(13)
*ほんもの（本物）真东西，真货	99(12)

—ま—

まあ　哎呀，还行，算了	89(10)
*マーク　标志，记号	43(5)
まいります（参ります）	
来，去（自谦）	144(17)
～まえ（～前）～之前	41(4)
*まえうりけん（前売券）预售票	25(2)
マスク　口罩	89(10)
*まぜます（混ぜます）搅拌	98(11)
まちがい　错误	17(1)
*まつ（末）～末	118(14)
*まつ（松）松树	152(18)
まっすぐ　笔直，一直	69(8)
*まとめます　汇总，整理	38(4)
まよいます（迷います）迷（路），犹豫	68(8)
*マラソン　马拉松	110(13)
まわります（回ります）周游，巡回	23(2)
*まんいん（満員）客满，满座	89(10)
マンガ　漫画	126(15)
*マンガきっさ（マンガ喫茶）	
漫画吧，漫画咖啡馆	149(18)
*まんせき（満席）满座，客满	121(14)

—み—

*ミーティング　会议	36(4)
みえます（見えます）看得见，能看到	19(2)
みぎがわ（右側）右側	151(18)
みぎて（右手）右手	89(10)
みずうみ（湖）湖	105(12)
*みどりのまどぐち（みどりの窓口）	
JR车站的售票处	21(2)
*みなおします（見直します）	
重新看，重审	48(5)
ミルク　牛奶	128(15)

—む—

むかえます（迎えます）迎接，欢迎	151(18)
むこう（向こう）对面，对方	32(3)
むら（村）村，村庄	102(12)

—め—

*めいじじだい（明治時代）明治时代	103(12)
*めうえ（目上）上司，长辈	146(17)
*メーカー　制造商，厂家	109(13)
メール　邮件	21(2)
めしあがります（召し上がります）	
吃，喝（尊敬）	136(16)
めずらしい　少见的，珍稀的	60(7)
めんせつしけん（面接試験）面试	111(13)

—も—

もうします（申します）	
说，叫做（自谦）	139(17)
もうすこし（もう少し）	
再稍微，再一点儿	37(4)
もし　如果，要是	68(8)
もしも　万一，假使	90(10)
もちろん　当然，不用说	90(10)
*もんく（文句）抱怨，牢骚	167(20)

—や—

やきにく（焼き肉）烤肉	23(2)
*やきもち　嫉妒，吃醋	84(10)
*やきもの（焼き物）陶瓷器	102(12)
*やけい（夜景）夜景	23(2)
やせます　瘦，变瘦	28(3)
やっと　终于	42(4)
やっぱり　还是，果然	79(9)
やまかじ（山火事）山火，山林大火	116(14)
*やまのぼり（山登り）登山	33(3)
やめます（辞めます）辞（职），辞去	28(3)

＊やんちゃな　顽皮，淘气.....................159(19)

—ゆ—

＊ゆうき（勇気）勇气.................................61(7)
＊ゆうじゅうふだん（優柔不断）优柔寡断..47(5)
　ゆうしょく（夕食）晚饭............................23(2)
＊ゆうせんせき（優先席）爱心专座.............46(5)
＊ユーターン（Uターン）掉头.....................46(5)
　ゆうびん（郵便）邮政，邮件...................141(17)
＊ゆうらんせん（遊覧船）游览船...............105(12)
　ゆしゅつします（輸出します）出口.......92(11)
　ゆっくりします　慢慢地，舒适地...........33(3)
　ゆにゅうします（輸入します）进口........85(10)
＊ユネスコ　联合国教科文组织.....................96(11)
＊ゆびさします（指差します）用手指......122(14)

—よ—

　よいおとしを（よいお年を）
　　祝你过个好年！...34(3)
　よういします（用意します）准备............64(7)
　よしゅう（予習）预习................................55(6)
　よっぱらい（酔っ払い）醉鬼....................90(10)
　よてい（予定）计划，安排.........................27(3)
　よなか（夜中）半夜...................................84(10)
＊よふかしします（夜更かしします）熬夜39(4)
＊よほう（予報）预报.................................109(13)
　よやく（予約）预约，预定.........................32(3)
　よります（寄ります）顺便（来／去）..........52(6)
　よろこびます（喜びます）
　　喜悦，欣然接受...68(8)
　よろしい　好，恰好，不用.....................144(17)

—ら—

＊ライブ　现场演奏会，现场直播的.........37(4)
＊ラッシュ　高峰时间，拥挤.....................136(16)

—り—

＊りかいします（理解します）理解........69(8)
　りこんします（離婚します）离婚..........63(7)
　りゅうがく（留学）留学............................65(7)
　りょう（量）量..80(9)
　りようします（利用します）使用，利用..56(6)
　りょかん（旅館）旅馆..............................135(16)
　りょこうがいしゃ（旅行会社）旅行社.171(20)

—る—

＊るすばん（留守番）看家...........................84(10)

—れ—

＊れいとうしつ（冷凍室）冷冻室...............65(7)
＊レイトショー　夜场电影..........................74(8)
＊れきしてきな（歴史的な）历史性的.........92(11)
＊レディースデー　女性优惠日..................74(8)
　れんきゅう（連休）连休，长假..............119(14)

—ろ—

＊ロープウェイ　缆车.................................105(12)
＊ロールスロイス
　　劳斯莱斯（汽车品牌）............................152(18)
　ロシア　俄罗斯...20(2)
＊ろんぶん（論文）论文.............................123(15)

—わ—

＊ワールドカップ　世界杯..........................93(11)
＊わだい（話題）话题...................................25(2)
　わらいます（笑います）笑，嘲笑...........29(3)
＊ワンピース　连衣裙................................165(20)

日本語教育教材開発委員会
Textbook Ad hoc for Japanese Language Education

(五十音順・敬称略)

猪 狩 美 保 (Igari Miho)　　　藤 田 幸 次 (Fujita Koji)
井村コオスケ (Imura Kosuke)　　前 川 寿 美 (Maekawa Sumi)
加 藤 登 美 恵 (Kato Tomie)　　水 野 リ ル 子 (Mizuno Riruko)
鎌 田 忠 子 (Kamata Tadako)　　三 吉 礼 子 (Miyoshi Reiko)
神 原 敬 子 (Kohara Keiko)　　矢 島 清 美 (Yajima Kiyomi)
長 井 卓 也 (Nagai Takuya)
平 澤 悦 子 (Hirazawa Etsuko)　　イラスト
藤 井 良 広 (Fujii Yoshihiro)　　ほそかわ　ゆみ (Hosokawa Yumi)

新东方日语教研组

主编：疏蒲剑
编委：杨玲、松尾庸司、阮泠熠、薛晓飞、梁莹、唐鹤英、孙晓杰

中文排版：印酉、顾佳丽
封面设计：陈佳音、沙懿陶